처음
시작하는
맹자

슬기로운 동양고전

처음 시작하는 맹자

김세중 편저

배우고 익히면 즐거움이 터진다
지혜가 꼬리를 무는 인생 공부

스타북스

맹모삼천지교의 교육환경이 만든 성선설의 사상가

맹자는 세 살 때에 아버지를 잃고 편모슬하에서 성장하면서 조숙했던 공자와는 달리 말썽꾸러기였다. 모방하려는 기질이 강하여 주변 지역의 풍습을 곧잘 흉내 냈기 때문에, 그 어머니가 세 번이나 이사를 다니며 가르쳤다고 하는 맹모삼천지교孟母三遷之教가 유명하다.

맹자는 어렸을 때 공동묘지 근처에 살았는데 맹자가 무덤을 만들고 곡소리를 흉내 내면서 놀자 맹자 어머니는 이곳은 아이를 기를 만한 데가 못 된다면서 시장 근처로 이사를 했다. 그런데 그곳에서는 물건을 파는 장사꾼의 흉내를 내서, 맹자의 어머니는 이곳도 아이를 교육할 만한 곳이 못 된다며 다시 학교 근처로 이사했다. 그러자 여기에서는 놀이로 제기를 차려놓고 어른에게 인사하고 예를 다하는지라, 이때에야 비로소 맹자 어머니는 마음을 놓고 "이곳이야말로 참으로 자식을 가르칠 만한 곳이구나." 하며 그곳에서 살게 되었다. 이에 맹자의 어머니가 모성 교육의 사표로서 후세에 길이 빛나는 이유도 여기에 있다고 하겠다.

맹자는 공자의 손자이기도 하고 또 증자의 제자이기도 한 자사의 문하에서 정통적인 유학을 배웠고, 수많은 제자들과 더불어 여러 나라를 주유周遊하며 유가의 이상을 달성하고자 했다. 마흔 살을 전후로 추鄒나라의 벼슬길에 올랐으나, 혼란한 세태에 실망한 채 물러나고 말았다. 그가 수백 명의 제자와 함께 수십 대의 수레를 이끌고 이동할 때는 일대장관을 이뤘으며, 용기가 넘치고 기질이 강했던 그는 여러 왕들에게 이상정치를 실시하도록 강력히 권고하기도 했다.

유가 경전으로 '사서四書'중의 하나인 『맹자』는 덕에 의한 정치, 즉 왕도정치를 주장하는 정치철학서이다. 왕도정치는 통치자의 도덕성을 기반으로 한 정치이다. 특히 백성에 대한 연민의 마음을 기반으로 백성을 자신의 피붙이처럼 여겨 그들에게 안락하고 인간다운 삶을 마련해주기 위해 노력한다.

왕도정치는 몇 가지 골격으로 형성되어 있는데, 그 첫 번째가 경제적 토대를 이루는 정전제이다. 정전제는 백성들에게 기본적인 생계를 보장해주기 위한 것이다. 그럼으로써 통치자 입장에서는 백성들의 농지이탈을 막을 수 있고 국가재정을 확실하게 보장할 수 있다. 두 번째 골격은 교육이다. 왕도정치는 강제적인 법의 집행보다 교육이라는 방법을 택한다. 어려서부터 인륜을 가르치고 그 교육이 성공한다면, 그 사회는 강제적인 법률이 적용되기 이전에 인간 사이의 도리에 의해 움직인다. 세 번째는 성선설이다. 맹자의 대표적인 학설로 유명한 성선설은 바로 그러한 사회가 어떻게 가능한가를 설명해 주는 이론이다. 통치자가 백성에 대한 연민의 마음을 가질 수 있고, 또 백성들도 교육을 통해 선량한 마음을 가질 수 있는 근거는, 모든 인간이 태어날 때부터 착한 마음을 타고났기 때문이라는 것이다. 그런데 천성적으로 타고난 착한 마음은 현실에서 여러 가지 장애로 온전하게 발휘되지 않는다. 『맹자』에서는 그 장애를 없애는 방법으로 학문 또는 교육, 수양 등에 대해 논한다. 또한 현실적인 권력자가 아닌 맹자와 같은 유학자들이 왕도정치의 실현을 위해 현실에서 부딪쳐야 할 일과 그때의 자세, 특히 권력자와의 관계에서 처신하는 자세 등에 대해서도 말하고 있다.

교육과 덕을 기반으로 한 이상정치를 말하는 이 책은 우리에게도 지혜의 경선이나 다름없다. 음악에도 클라이맥스가 있듯이 경전에도 짧지만 강한 핵심이 존재한다. 이러한 핵심을 명언이라 말하는데 이는 작품 전체의 핵심을 함축시킨 것으로서 창작의 영감이 고스란히 결집되어 있는 지혜의 결정체이다. 이러한 지혜의 결정체들은 알알이 열매가 되어 지금까지도 전해오고 있다. 더 나아가 그 과정에서 우리 인류에게 끊임없이 계시와 가르침을 전달해주고 있다. 이는 수백 수천가지에 달하는 후세의 작품들은 도저히 흉내조차 낼 수 없는 크나큰 업적이라 말해도 과하지 않다.

그래서 우리는 독자들을 위해 가장 광범위한 영향력을 발휘한 고전 중에서 사람들에게 널리 알려진 명언만을 엄선했다. 그리하여 독자들이 일상생활에서 자주 접했던 명언들의 유래와 쓰임을 쉽게 이해할 수 있도록 고전의 새로운 장場을 마련했다.

이 책은 명언 한 문장을 중심으로 각각 '명언 이야기' '명언의 역사적 사례' 이 두 가지 관점에서 전방위적인 분석과 해석을 가미했다. '명언 이야기'에는 명언이 생겨난 배경과 이야기를 실었다. 이를 통해 독자들이 명언의 역사적 배경을 이해할 수 있도록 했다.

명언은 역사의 기록이며 오랜 시간 축적된 문화의 결정체이다. 서로 다른 시공간 속의 중화 민족의 경험과 지혜를 융합하여 자연, 사회, 역사, 인생 등에 대한 중국인의 생각과 가치관을 나타내고 있다. 이러한 점을 고려하여 우리는 방대한 역사물 속에서 가장 생동감 넘치는 이야기들만을 선별하여 명언을 재해석한 책으로, 읽기 편하고 이해하기 쉽게 정리했다.

군주가 덕에 의해 백성을 교화하는 정치를 하고 백성이 그 덕에 화답함으로써 나라 전체가 도덕적인 관계로 맺어진다는 『맹자』의 왕도정치는 성선설을 전제로 한다. 군주가 덕으로써 정치를 할 수 있고 백성들이 거기에 호응하는 근거는 모든 사람의 본성이 선하기 때문이라고 맹자는 말한다.

차례

②

책만 믿는다면 책이 없는 것만 못하다

③

천하와 즐거움과 근심을 함께한다

④

나무 인형을 만든 자는 자손이 끊어진다

5

일정한 생업이 없는 사람은 일정한 마음이 없다

6

나는 물고기도 좋고 곰 발바닥도 좋다

가까이 있는 사물이 학문 수양의 원천이 된다

처음
시작하는
맹자

1

도가
바로 눈앞에
있는데
멀리서 찾는다

무리 중에
가장 뛰어나다

出乎其類 拔乎其萃(출호기류 발호기췌)

유약有若이 말했다. "어찌 사람에게만 그리 뛰어난 존재가 있겠느냐? 짐승 중에는 기린, 새 중에는 봉황, 산 중에는 태산, 강 중에는 황허가 그렇다. 성인도 인간이지만 그 중에서 뛰어난 인간이다. 인류가 생긴 이래 공자보다 위대한 사람은 없다."

맹자와 공손추는 누구를 성인이라 할 만한지에 대해 이야기를 나눴다. 공손추가 맹자에게 말했다. "선생님은 다른 이들을 분석할 수 있고 마음이 넓으시니 성인이라고 부를 수 있겠지요?" 그러자 맹자는 "그게 무슨 소린가? 예전에 자공子貢이 공자에게 이렇게 물은 적이 있느니라. '선생님은 성인이시지요?' 그러자 공자께서는 '나는 성인이 될 수 없다. 나는 단지 공부하는 데 지겨움을 모르고 다른 사람을 가

르치는 데 힘든 줄 모를 뿐이니라.'라고 대답하셨다. 공자 같은 분조차 자기 자신을 성인이라 부르지 못하는데 날더러 성인이라니 그게 무슨 소린가!"라고 말했다.

그러자 공손추가 다시 백이伯夷와 이윤伊尹 그리고 공자 사이에 어떤 다른 점이 있는지를 물었고 맹자는 이렇게 대답했다. "재아宰我· 자공子貢·유약有若은 공자를 이해할 수 있는 지혜를 가졌고 자신이 좋아하는 사람이라고 해서 아첨하는 자들이 아니었다. 그런데도 재아는 '내가 스승을 관찰한 결과 우리 스승님은 요, 순임금보다 더 뛰어난 사람이다.'라고 말했고 유약은 '사람만 뛰어나겠는가? 짐승 중에는 기린, 새 중에는 봉황, 산 중에는 태산, 강 중에는 황허가 그렇다. 성인도 같은 사람이다. 내가 말한 모든 것은 같은 무리 안에서 뛰어난 존재들이다. 인류가 생긴 이래 공자보다 위대한 사람은 없다'라고 말했단다."

─────── 지혜가 꼬리를 무는 역사 이야기 ───────

당나라 재상 류안劉晏의 딸은 예부시랑禮部侍郎(예부는 육부六部의 하나로, 나라의 전장 제도나 전례·제사·학교·과거·빈객 접대 등을 담당한 기관임. 장관을 예부상서禮部尙書라 하고, 차관을 예부시랑이라 한다) 반염潘炎과 결혼해 아들 반맹양潘孟陽을 낳았다.

먼 훗날 반맹양이 호부시랑戶部侍郎의 자리에 오르자 그의 어머니는 아들이 그 자리를 감당할 수 있을지를 걱정했다. 그래서 항상 아들에게 "너는 네가 갖춘 재능으로 시랑이라는 높은 자리에 올랐지만 어미는 네가 아랫사람들을 문제없이 잘 부릴 수 있을지 걱정되는구나."라고 말했다. 하지만 반맹양은 어머니의 말씀에 동의하지 않았다. 그래서 한번은 어머니에게 "내일 저의 동료들을 다 불러올 테니 어머니께서 한번 봐주십시오."라고 말했다.

반맹양은 정말로 호부에 있는 모든 관리와 관원들을 집에 초대했다. 손님들이 다 도착하자 어머니는 뒤에 숨어 그들을 자세히 지켜보았다. 이윽고 저녁 식사가 끝나 손님들이 하나둘 돌아간 후 어머니는 기뻐하며 아들에게 말했다. "오늘 온 사람들의 능력 또한 너와 비슷하구나. 걱정하지 않아도 되겠다. 그런데 녹색 옷을 입고 가장 바깥쪽에 앉아 있던 젊은이는 어떤 사람이니?" 반맹양은 한참을 생각하더니 그는 곧 관리가 될 두황상杜黃裳이라고 대답했다. 두황상은 평소 성격이 조용하고 너그러우며 교양이 높은 사람이지만 정치적인 면에서는 자신만의 견해가 분명한 사람이었다. 설명을 들은 어머니는 아들에게 "내가 보기에 그 사람은 다른 사람과 달라 보였단다. 분명히 다른 사람보다 뛰어난 인물일 게야. 앞으로 능히 삼공三公(옛 중국의 관직 이름. 천자에 버금가는 최고의 관직)에 오를 만한 능력이 있는 사람이니 너는 앞으로 그 사람과 좋은 관계를 맺도록 하렴."이라며 신신당부했다.

어머니의 예측은 조금도 빗나가지 않았다. 두황상은 훗날 정말로 재상의 자리에 올랐다. 그는 과거에 조정이 번진藩鎭(당唐·오대五代·송宋

나라 초기에 절도사節度使를 최고 권력자로 한 지방 지배체제)에 지나치게 관용을 베풀고 우유부단한 태도를 보였던 것과 달리 짧은 시간 안에 서천西川과 하수夏綏의 반란을 평정해 평화롭고 번영하는 당나라를 만들었다.

매우
여유가 있다

綽綽有餘(작작유여)

맹자께서 말씀하시길 "나는 이런 말을 들은 적이 있다. 관직에 있는 자가 자신의 직책을 다하지 못하면 관직에서 물러나야 하고 간언해야 할 책임이 있는 자가 그 책임을 다하지 못하면 그 자리에서 물러나야 한다는 것이다. 나는 관직도, 간언할 책임도 없으니 내가 나아감과 물러섬에 어찌 여유롭지 않겠는가?"라고 하였다.

맹자는 제나라의 유명한 사람들을 방문하며 인정仁政을 설명했다. 제 위왕威王의 가장 가까운 심복 가운데 지와蚳蛙라는 사람은 맹자가 말하는 인정에 관심이 아주 많았다. 그래서 맹자의 말 중에서 간단한 내용을 한 가시 실험해봤는데 실로 매우 큰 효과를 거두었다. 덕분에 그는 궁의 사사士師 자리까지 승진했다.

사사의 직분을 맡아 왕과 만날 기회가 많아진 지와는 시시때때로 왕에게 맹자의 인정 사상을 권했다. 그런데 몇 개월이 지나도 아무런 성과가 없었다. 그래서 지와가 다시 한 번 왕에게 권하자 위왕은 그의 말을 받아들이지 않았을 뿐만 아니라 오히려 반감까지 내비쳤다. 그런 위왕의 반응에 지와는 곧 벼슬을 내놓고 물러났다.

그 소식이 퍼지자 제나라 사람들은 맹자를 비웃으며 말했다. "지와는 왕에게 맹자의 인정 사상을 여러 차례 간언해도 받아들여지지 않자 벼슬까지 내놓았는데 맹자는 왜 아직도 떠나지 않는가?"

공도자公都子가 이 말을 듣고 맹자에게 전했다. 맹자는 "나는 부끄러움이나 수치심을 모르는 사람이 아니며 다 뜻에 따라 일하는 사람이다. 나는 전에 관직에 있는 자가 자신의 직책을 다하지 못하면 관직에서 물러나야 하고 간언해야 할 책임이 있는 자가 책임을 다하지 못하면 그 자리에서 물러나야 한다는 말을 들었다. 나는 관직도, 간언의 책임도 없으니 나아감과 물러섬, 떠나야 할 때와 남아야 할 때에 대해 어찌 자유롭지 않을 수 있겠는가?"라고 말했다.

지혜가 꼬리를 무는 역사 이야기

명나라 시대에 계책이 뛰어난 양운재楊雲才라는 공사 관리자가 있었다. 그는 공사를 맡을 때마다 시공을 책임진 사람에게 자신이 설계한 요점을 말하고 그대로 진행하도록 시켰다. 사람들은 양운재가

왜 그렇게 명령하는지 이해하지 못했지만 일단 공사가 끝나고 나면 모두 양운재의 정교함에 감탄했다.

양운재가 형주荊州에서 일할 때 성벽을 재건해야 할 일이 생겼다. 관리들이 그 비용에 대한 예산을 다 짰을 때 조정에서 성벽을 좌우로 두 척尺(1미터의 약 3분의 1 길이)씩 넓히라는 명령이 내려왔다. 이에 형주의 관리들은 다시 늘어난 비용을 어떻게 마련해야 할지 상의했다. 그때 양운재가 나서서 말했다. "돈을 더 쓸 필요 없이 지금 있는 예산만으로도 충분히 성벽을 재건할 방법이 하나 있습니다."

이튿날, 양운재는 수하에게 말을 타고 벽돌 공장에 찾아가 벽돌 만드는 틀을 가져오라고 명령했다. 수하가 벽돌 틀을 바치자 양운재는 불같이 화를 내며 "이것은 좋지 않소."라고 말하고 그것을 부숴버렸다. 그러고는 자기가 직접 만든 틀을 내놓으며 "이 모양대로 벽돌을 만드시오."라고 말했다. 겉으로 보았을 때 벽돌 공장에서 가져온 벽돌 틀과 양운재가 만든 것은 서로 별다른 차이가 없어보였다. 하지만 양운재가 만든 것은 2푼分(척의 백 분의 일) 더 두터웠다. 그래서 그 틀로 벽돌을 찍어내 두께를 재봤더니 벽돌을 합치면 조정에서 요구한 성벽 두께를 맞출 수 있었다. 양운재는 성벽이 완성된 후에야 자신이 그 틀을 사용하라고 한 이유를 설명했고 사람들과 관리들은 모두 그의 지혜에 탄복했다.

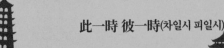

그때는 그때고
지금은 지금이다

此一時 彼一時(차일시 피일시)

그때는 그때고 지금은 지금이다. 오백 년이 지나면 반드시 성왕聖王이 나타나고 그때가 되면 반드시 세상에 이름 높은 뛰어난 인재가 나타난다. 주나라 이후로 벌써 칠백 년이 되었다. 횟수를 따져보면 그 시기가 이미 지난 것이다. 그러나 시기로 본다면 이제 성군과 인재가 나타날 때가 되었다. 하늘이 아직 천하를 평화롭게 다스리려 하지 않는 것일 뿐 만약 지금 천하를 평화롭게 다스리려 한다면 이 시대에 나 말고 그 임무를 감당할 사람이 누가 있겠는가! 이러하니 내가 어찌 기뻐하지 않겠는가?

━━━━━━

맹자는 본래 제나라에 인정을 알릴 생각이었다. 그런데 제 선왕은 많은 인재를 모으고 후히 대접하긴 했지만 인재를 등용할 생각은

1장. 도가 바로 눈앞에 있는데 멀리서 찾는다

없었다. 이에 맹자는 제나라를 떠나기로 마음먹었다. 맹자의 이런 사정을 잘 아는 충우充虞는 길에서 맹자를 만나자 이렇게 말했다. "제가 보아하니 선생님 얼굴이 즐거워 보이지 않는군요. 며칠 전에 선생님 께서는 '군자는 하늘을 미워하지 않고 사람을 책망하지 않는다.'는 말을 하지 않으셨습니까?" 충우는 맹자가 제 선왕이 자신을 등용하지 않은 것에 불만을 품어 떠나는 거라고 생각한 것이다.

충우의 말을 듣고 맹자가 말했다. "그때는 그때고 지금은 지금이다. 오백 년이 지나면 반드시 성왕이 나타나고 그때가 되면 반드시 세상에 이름 높은 뛰어난 인재가 나타난다. 주나라 이후로 벌써 칠백 년이 되었다. 횟수를 따져보면 그 시기가 이미 지난 것이다. 그러나 시기로 본다면 이제 성군과 인재가 나타날 때가 되었다. 하늘이 아직 천하를 평화롭게 다스리려 하지 않는 것일 뿐 만약 지금 천하를 평화롭게 다스리려 한다면 이 시대에 나 말고 이 임무를 감당할 사람이 누가 있겠는가! 이러하니 내가 어찌 기뻐하지 않겠는가?"

─────── 지혜가 꼬리를 무는 역사 이야기 ───────

진秦나라 말 농민들을 이끌고 반란을 일으킨 진승陳勝은 여러 지역을 점령한 뒤에 스스로 진현陳縣의 왕이 되어 국호를 '장초張楚'라 지었다. 그가 왕이 되었다는 이야기가 널리 퍼지자 과거에 같이 농사짓던 친구들이 하나둘 찾아와 옛이야기를 하면서 그의 덕을 보기 원했다.

하지만 지금은 전과 상황이 많이 달라졌다. 진승은 이미 그들과 허물없이 지내던 친구가 아니었다. 친구들을 보는 왕의 얼굴이 점점 일그러지는 것을 보고 지금이 기회라 생각한 대신들이 왕에게 고했다. "저 시골 촌놈들이 왕 앞에서 쓸데없는 이야기를 지껄이고 폐하의 위엄을 해치니 그들은 틀림없이 진나라에서 보낸 자들일 것입니다." 진승도 마침 옛 친구들이 자신의 체면을 구긴다고 생각하던 터라 대신들의 말을 듣고는 바로 친구들을 처형해버렸다.

그리고 주방朱防을 법무부 장관에 해당하는 중정中正에, 호무胡武는 그 차관에 해당하는 사과司過에 앉히고 그 두 사람에게 감찰 업무를 맡겼다. 이 두 사람이 하는 주된 일은 진승의 명령을 듣지 않는 사람을 처벌하는 것이었다. 진승은 호해胡亥의 폭정과 만행에 대항해 반란을 일으킨 인물이지만 그의 무지함과 폭정은 결코 호해에 뒤지지 않았다.

얼마 뒤 진승의 장인이 그를 찾아왔다. 그런데 진승은 장인을 보고도 절하지 않고 그냥 고개만 까딱 숙여 인사했다. 그러자 장인은 화가 나서 "반란을 일으켜 스스로 왕이 되더니 이제는 어른을 보고도 무례하게 행동하는군! 자네는 분명히 오래가진 못할 걸세!"라고 말하고는 뒤도 돌아보지 않고 그 자리를 떠나 다시는 진승을 찾아오지 않았다. 그때부터 과거 진승과 함께 했던 친구들은 점점 그를 멀리했고 어느새 진승 곁에는 친한 사람이 한 명도 없게 되었다.

일을
대충대충 하다

大而化之(대이화지)

우리가 따라야 할 것은 선善인데 우리는 이미 선을 갖추고 있고 이를 신信이라고 한다. 선한 것이 몸에 가득 차 있으면 아름답다고 하고 충실하여 빛나는 것을 위대하다고 한다. 또 위대하여 남을 감화하는 것을 신성하다고 하고 신성하여 알아볼 수 없는 것을 신神이라고 한다. 악정자樂正子는 선과 신, 이 두 가지 가운데 있지만 아름다움·위대함·신성함·신神에는 아직 못 미치는 사람이다.

　호생浩生은 제나라 사람이 아니다. 그는 어느 날 맹자에게 그의 제자 악정자에 대해 물었다. "악정자는 어떤 사람입니까?" 자신의 제자를 아수 잘 아는 맹자는 "그는 아주 착하고 믿을 수 있는 사람이다."라고 말했다. 그러자 호생은 이해할 수 없다는 표정으로 다시 물었다.

"무엇이 착하고 믿을 수 있는 것입니까?" 이에 맹자가 대답했다. "우리가 따라야 할 것은 선인데 우리는 이미 선을 갖추고 있고 이를 신이라고 한다. 선한 것이 몸에 가득 차 있으면 아름답다고 하고 충실하여 빛나는 것을 위대하다고 한다. 또, 위대하여 남을 감화하는 것을 신성하다고 하고 신성하여 알아볼 수 없는 것을 신이라고 한다. 악정자는 선과 신 이 두 가지 가운데 있지만 아름다움·위대함·신성함·신神에는 아직 못 미치는 사람이다."

───────── **지혜가 꼬리를 무는 역사 이야기** ─────────

삼국시대, 동오東吳의 장군 장소張昭는 손책孫策을 따라 각 지역을 토벌했다. 손책은 정치적, 군사적 업무의 모든 권한을 장소에게 주었고 장소는 많은 업적을 세움으로써 손책에게 보답하고 또 전국적으로 유명해졌다. 북방에 있는 사대부士大夫가 그에게 편지를 보내 경의를 표할 정도였다.

장소는 그 편지를 받고 기쁘면서도 한편으로는 염려가 되었다. 자신의 업적이 높이 평가받았다는 사실은 기쁘지만 이 편지의 내용을 손책에게 아뢰어야 할지 숨겨야 할지 염려되었던 것이었다. 손책에게 이를 보고하면 자신이 주공主公보다 더 공이 크다고 교만한 것으로 보일 우려가 있고 편지를 받은 사실을 숨긴다면 마치 비밀스러운 내용이라도 있느냐는 오해를 불러일으킬 수 있는 상황 아닌가! 이렇게 되어 장소가 어찌할 바를 모르며 안절부절못하고 있는데 손책이 이 사실을 알게 되었다.

손책은 장소를 불러 관중管仲과 제 환공桓公의 이야기를 들려주었다. "과거 제 환공이 관중을 등용하고 모든 일을 그에게 맡기면서 중부仲父(둘째아버지)라 불렀다오. 사람들이 환공에게 무언가를 상의하러 오면 '중부에게 물어보시오'라고 대답했고 다시 자신에게 의논하러 와도 또 '중부에게 물어보시오'라고 대답했소. 그래서 사람들이 '툭하면 중부, 중부 하시는데 한 나라의 왕이 이렇게 쉬운 일입니까?'라고 불평하기 시작했지요. 그러자 환공은 '내가 중부를 얻기 전에는 왕이라는 자리가 너무 어려웠소. 이제 중부를 얻었으니 이 자리가 어찌 쉬워지지 않겠소?'라고 대답했소. 지금 북방 사람들이 장소라는 인물을 재능이 있다고 칭찬을 합니다. 그 장소는 내가 등용한 사람이니 그러한 인재를 등용한 나 역시 능력 있는 사람이라고 말하는 것과 같지 않습니까?" 말을 마친 손책은 크게 웃으며 말했다. "장군, 장군께서는 뛰어난 인재십니다. 제가 장군을 믿는데 어찌 천하를 통일하지 못하겠습니까?"

소쿠리에 밥을 담고
항아리에 국을 담다

簞食壺漿(단사호장)

전차 만 승乘을 가진 나라가 만 승을 가진 나라를 치는데 백성이 소쿠리에 밥을 담고 항아리에 국을 담아와 왕의 군대를 환영하는 것에 어찌 다른 뜻이 있겠는가? 그들은 단지 물, 불의 재난과도 같은 생활에서 벗어나고 싶을 뿐이다. 만약 그들의 어려움이 물처럼 더욱 깊어지고 불처럼 더욱 거세진다면 그들의 마음은 다른 나라로 옮겨갈 것이다.

315년 전, 연나라 왕 희쾌姬噲는 말년에 대신 자지子之에게 왕위를 넘겨주었다. 그러자 태자 평취중平聚衆은 자지를 공격하며 내란을 일으켰다. 그러자 이웃 국가인 제나라가 제 선왕 2년에 그 틈을 타 연나라를 공격했다.

한편 연나라 군과 백성들은 끊임없이 일어나는 전쟁에 신물이

1장. 도가 바로 눈앞에 있는데 멀리서 찾는다

나 하루빨리 전쟁이 끝나기만을 기다리던 터라 제나라 군대가 쳐들어 오는데 성문조차 닫지 않았다. 덕분에 제나라 군은 단 오십 일 만에 연나라의 수도까지 진격했고 마침내는 자지와 희쾌 모두 죽였다.

승리를 거둔 후 제 선왕이 맹자에게 물었다. "당시 어떤 이는 나에게 연나라를 공격하지 말라고 했고 또 다른 이들은 연나라를 공격해야 한다고 했소. 사실 전차 만 승을 가진 대국이 똑같이 만 승을 가진 대국을 공격해 단 오십 일 만에 성공하기란 사람의 힘만으로는 부족한 일이오. 하지만 그때 공격하지 않으면 나중에 우리가 재앙을 당하게 될 터이니 그리 할 수밖에 없었소. 만약 그 당시 연나라를 공격하지 않았다면 또 어떤 상황이 발생했겠소?" 이에 맹자가 대답했다. "만약 연나라 백성이 기뻐한다면 연나라를 공격해도 좋습니다. 과거 주周 무왕武王 시절에도 이런 일이 있었습니다. 그러나 연나라 백성들이 꺼린다면 공격해서는 안 됩니다. 과거 주 문왕文王 시절에 바로 이런 일이 있었습니다. 제나라같이 전차 만 승을 가진 대국이 같은 힘을 가진 연나라를 치려 할 때, 연나라 백성이 밥과 국을 담은 소쿠리와 항아리를 들고 나와 제나라 군대를 환영한다면 그 목적이 무엇이겠습니까? 그들은 그저 힘든 생활을 하루빨리 끝내고 싶을 뿐입니다."

──────────── **지혜가 꼬리를 무는 역사 이야기** ────────────

삼국시대, 조조曹操가 군대를 이끌고 장수張繡를 공격하러 나갔다. 마침 보리가 익어가는 계절이었는데 백성들은 행군하는 군대를 보고 겁에 질려 아무도 감히 보리를 수확하러 들에 나가지 못했다. 그 사실을 안 조조는 곧바로 "모든 군대는 절대 보리밭을 밟지 마라. 이를 어기는 자는 참수형에 처할 것이니라."하고 명령을 내렸다.

조조의 군대는 명령에 따르기 위해 모두 말에서 내려 행군했고 조조는 계속해서 말을 타고 갔다. 그런데 갑자기 비둘기가 날아오르는 바람에 크게 놀란 조조의 말이 밭으로 뛰어 들어가 엉망으로 만들어버렸다! 조조는 곧 말에서 내려 주박主薄을 부르더니 자신의 죄를 벌하라고 말했다. "내 말이 밭을 밟아 명령을 어겼으니 군법에 따라 나를 벌하시오." 주박은 절대 그럴 수 없다는 표정으로 "이 군대를 이끄시는 분에게 어찌 죄를 물을 수 있습니까?"라고 말했다. 그러자 조조는 "명령을 한 내가 그 명령을 어겼는데 죄를 묻지 않는다면 내가 어찌 이 군대를 계속 이끌 수 있겠는가?"라고 말했다.

조조가 재빨리 칼을 꺼내 스스로 목숨을 끊으려 하자 사람들이 달려들어 겨우 그를 말렸다.

주박이 조조에게 말했다. "명령은 일반 군사들에게 하는 것입니다. 고서 『춘추春秋』에서도 존귀한 사람은 처벌하지 않는다고 했습니다. 더구나 장군께서는 말이 놀라 실수로 밭을 밟은 것이니 죄를 물을 필요가 없다고 생각됩니다." 그 말을 듣고 조조가 말했다. "자네가 내 죄를 묻지 않으니 내가 내 죄를 스스로 물어야겠군." 그는 말을 마치자마자 칼을 꺼내 자신의 머리카락을 한 움큼 잘라냈고 그것을 땅에

던짐으로써 참수형을 대신했다. 조조의 군대는 이 일을 계기로 더욱 공정하게 법을 집행했고 백성에게 어떠한 잘못도 저지르지 않았다. 그러자 이후로는 가는 곳마다 백성들이 음식을 준비해 조조의 군대를 환영했다.

도가 바로 눈앞에 있는데
멀리서 찾는다

道在邇而求諸遠(도재이이구제원)

맹자께서 말씀하시기를 "도가 바로 눈앞 가까운 데 있는데 멀리서 찾으려 하고 원래는 쉬운 일이었으나 어려운 방법으로 해결하려 하는구나. 모든 사람이 부모를 사랑으로 섬기고 웃어른을 공경한다면 이 세상은 태평할 것이다."라고 하였다.

맹자는 특별한 수양과 재능은 특수한 환경에서 만들어진다고 생각했다. 다시 말해 사람이 아주 힘들고 어려운 환경에서 다른 사람보다 더 많은 훈련과 시련을 거쳐야 비로소 도와 지식, 기술, 재능을 쌓는다고 여긴 것이다. 그래서 맹자는 그의 제자들에게 "가끔은 가까운 것을 버리고 멀리서 찾는 것과 쉬운 방법을 두고 힘들게 해결하는 것도 더 높은 단계의 수양을 하는 방법이긴 하다."라고 말했다. 하지

만 그는 또 "도가 바로 눈앞에 있는데 멀리서 찾고 아주 쉬운 일인데도 어려운 방법으로 해결하려 한다."며 "세상이 평화로워지려면 모든 사람이 부모를 잘 섬기고 어른을 공경해야 한다."고 가르쳤다.

지혜가 꼬리를 무는 역사 이야기

당唐 현종玄宗 때 이모李謨라 불리는 피리 연주가가 있었다. 그는 한 부자 상인과 함께 장강長江 하류 이남을 돌아다니며 여행했다. 그들은 가는 곳마다 문인과 시인들에게 환영을 받았고 이모는 늘 피리를 연주해달라는 청을 받았다.

그의 피리 소리는 청명하고 아름다웠으며 곡을 아주 섬세하게 표현했다. 그날도 이모의 연주가 끝나자 자리에 모여 있던 사람들이 저마다 큰 소리로 칭찬하며 박수갈채를 보냈다. 그런데 혼자 떨어져 앉은 한 노인만은 두 눈을 지그시 감고서 이모의 피리 소리 따윈 전혀 신경 쓰지 않는다는 듯한 표정을 짓고 있었다. 젊은 혈기를 못 이긴 이모는 당장 그 노인에게 다가가 따지듯 물었다. "제 연주가 탐탁지 않다는 듯한 표정을 짓고 계시는데, 피리를 연주하실 줄 아십니까?" 그러자 노인은 보일 듯 말 듯한 미소를 지으며 말했다. "젊은이의 연주는 듣기가 참 좋네. 다만 그 안에 구자龜玆(과거 중국에 있었던 나라)의 음색이 어색하게 섞여 있군."

이모는 노인의 이야기를 듣고 깜짝 놀랐다. 방금 자신이 연주한 곡은 바로 구자에 사는 사람에게 배운 것이었기 때문이다. 그렇다면 스승이 제대로 가르쳐주지 않은 걸까? 이모는 노인에게 자신의 연주를 다시 한 번 제대로 들어달라고 부탁했다. 이모의 연주가 끝나자 노인은 이렇게 평했다. "좋은 연주였네만 피리가 고음을 처리하지 못하는군. 고음을 연주하면 그 피리는 틀림없이 부서지고 말 걸세." 노인의 평가를 듣고 점점 호기심이 생긴 이모와 주변 사람들은 노인에게 한 수 보여줄 것을 재차 부탁했다. 노인은 하는 수 없이 이모의 피리를 받아들고 정신을 가다듬어 연주하기 시작했다. 노인의 피리 소리는 훨씬 맑고 깨끗했다. 사람들은 노인의 연주를 들으며 어느새 멍해졌다. 막 13장을 연주하면서 리듬이 조금씩 빨라지고 음이 점점 높아질 때 노인의 말대로 이모의 피리는 가장 높은 음에서 "피—" 소리를 내며 산산조각이 났다.

마음 깊은 곳에서부터 탄복한 이모가 입을 떼려는 순간 노인은 자기 품속에서 자주색 대나무 피리를 꺼내 연주를 이어 나갔다. 이번에는 전의 연주와 소리가 완전히 달랐다. 높은 음은 마치 성스러운 봉황이 부드럽게 우는 듯했고 낮은 음은 용이 물속을 자유롭게 헤엄치는 듯했다. 이윽고 연주가 끝나자 감탄을 금치 못한 이모와 사람들은 바닥에 엎드려 경의를 표했다. 잠시 후 연주가 끝나고 자리가 파하자 이모는 노인에게 스승이 되어달라고 간청했다. 하지만 이튿날 노인은 어제 연주한 자신의 피리만 남겨둔 채 홀연히 떠났다.

피리에는 '예술은 경지가 없다'라는 말이 새겨져 있었다. 사실

노인이 이모에게 하고 싶었던 말은 "이치는 가까운 데 있는데 멀리서 구하려 하고 쉬운 일도 어렵게 해결하려 한다. 이러한 이치를 깨닫는다면 분명히 큰 성과를 거둘 수 있을 것이다."라는 것이었다. 이모는 마치 꿈에서 막 깬 듯한 기분이었다. 그는 바로 그날 밤새도록 걸어서 장안長安으로 돌아가 처음부터 다시 훈련에 훈련을 거듭했고 마침내 전국에 이름을 떨치는 피리 연주가가 되었다.

도리에 맞으면 도움이 많고
도리에 어긋나면 도움이 적다

得道多助 失道寡助(득도다조 실도과조)

그래서 영토에 경계를 짓는다고 해서 사람들이 밖으로 빠져나가지 못하게 가둬둘 수 있는 것이 아니고 산천이 험준하다고 해서 나라의 방어가 견고해지는 것이 아니다. 또한 예리한 무기를 가졌다고 해서 천하에 위세를 떨치는 것은 더더욱 아니다. 도를 얻는 사람은 곁에 도와주는 사람이 많고 도를 잃을 사람은 곁에 도와주는 사람이 적다.

───────────

어느 날 맹자는 전쟁 중에 민심이 돌아서는 문제를 논하면서 전쟁에서 승리하려면 민심을 얻는 것이 가장 중요하다고 말했다. 전쟁의 승패를 좌우하는 결정적 요인인 사람 간의 화합은 맹자의 인정 사상에서 실현된다.

맹자는 그것을 이렇게 말했다. "하늘의 때는 땅의 이로움만 못하고, 땅의 이로움은 사람 간의 화합만 못하다. 3리里(길이의 단위 1리는 약 400미터)에 이르는 성과 7리에 뻗은 성곽을 포위하고 공격할 때 분명히 하늘의 때를 얻었음에도 이기지 못할 때가 있다. 이는 하늘의 때가 땅의 이로움만 못하기 때문이다. 성이 높고 못이 깊으며 무기가 예리하고 식량이 풍부한데도 적이 공격하면 바로 성을 버리고 도망가는 때가 있다. 이것은 땅의 이로움이 사람 간의 화합만 못하기 때문이다. 그래서 영토에 경계를 짓는다고 해서 사람들이 밖으로 빠져나가지 못하게 가둬둘 수 있는 것이 아니고 산천이 험준하다고 해서 나라의 방어가 견고해지는 것이 아니다. 또한 예리한 무기를 가졌다고 해서 천하에 위세를 떨치는 것은 더더욱 아니다. 도를 얻는 사람은 곁에 도와주는 사람이 많고 도를 잃은 사람은 곁에 도와주는 사람이 적다. 도와주는 자가 극히 적을 때는 가족에게마저도 배반당하고 도와주는 이가 많으면 온 천하가 순종한다. 온 천하가 순종하는 힘으로 가족조차 배반하는 나라를 공격하므로 군자는 싸우지 않을 뿐이지 일단 싸움을 하면 반드시 이기게 된다."

———— 지혜가 꼬리를 무는 역사 이야기 ————

춘추시대 초기 정鄭나라 무공武公이 세상을 떠난 후 태자 오생寤生이 왕위에 올라 정 장공莊公이 되었다. 하지만 그의 위치는 늘 생모와 동생에게 위협을 받았다. 동생 공숙단共叔段을 편애하는 생모 무강

武姜은 공숙단에게 제읍制邑을 봉지로 떼어주라고 정 장공에게 요구했다. 그러나 제읍은 군사적 요충지인지라 정 장공은 이를 허락하지 않았다. 그러자 무강이 이번에는 거의 침략 받을 일이 없는 경성京城을 공숙단에게 주라고 요구해 정 장공도 어쩔 수 없이 허락했다.

공숙단은 경성에 도착하자마자 성벽을 더 높고 튼튼하게 쌓기 시작했다. 공숙단의 이러한 행동에 대신들은 의견이 분분했다. 대신들은 하나둘 나서서 정 장공에게 호소했다. "각 성읍의 성벽 높이는 이미 선왕 때 정해진 기준이 있습니다. 지금 공숙단이 그러한 규정을 어기고 성벽을 다시 쌓고 있으니 폐하께서 반드시 막으셔야 합니다. 그렇지 않으면 걷잡을 수 없는 결과를 불러올 것입니다." 그러자 정 장공은 "어머니께서 그렇게 하기를 원하시니 내가 어찌하겠소?" 라고 말할 수밖에 없었다. 공숙단은 형이 자신에게 아무런 제재도 하지 않는 것을 보고 더욱 경거망동했다. 서부와 북부의 군대에 자신의 명령을 들으라고 강조하는가 하면 마음대로 주변 지역을 자신의 땅으로 삼았다. 상황이 여기까지 이르자 공자려公子吕가 나서서 정 장공에게 말했다. "지금 당장 그를 막아야 합니다. 그렇지 않으면 주변의 전략적 요충지가 모두 그의 손에 들어갈 것입니다!" 하지만 정 장공은 전혀 당황하지 않고 태연하게 말했다. "그럴 필요 없소. 도를 얻은 사람은 곁에 돕는 사람이 많고 도를 잃은 사람은 곁에 돕는 사람이 적은 법이요. 군자에게 의롭지 못하고 형제를 제대로 대하지 못하며 인의를 행하지 못한다면 공숙단이 제아무리 많은 땅을 차지한다 해도 곧 스스로 궤멸하고 말 것이오." 형이 자신의 행동에 아무 반응을 하지 않자 공숙단은 점점 대담하게 양식과 재물을 거두고 군대를 확충하면서 정 장공을 공격할 준비를 했다.

한편 백성들은 그런 공숙단에게 불만을 품고 속속 정 장공이 다스리는 지역으로 도망쳤다. 시간이 얼마쯤 흘렀을까? 갑자기 "때가 되었다!"라고 선언한 정 장공은 은밀히 공숙단이 군대를 일으킬 날짜를 알아내고는 공자려와 전차 이백 승을 내보내 공숙단에게 선제 공격했다. 결국 공숙단은 나라를 떠나 멀리 도망갈 수밖에 없었다.

적당한 장소를 찾다

得其所哉(득기소재)

관리가 나와서 말하기를 "누가 자산子産이 지혜롭다고 하는가? 내가 생선을 모두 삶아 먹었는데도 '제자리로 갔구나, 제자리로……'라고 말할 뿐인 걸."이라고 했다.

본명이 공손교公孫僑인 자산은 춘추시대 정鄭나라의 정치가다. 그는 간공簡公 때부터 정치를 시작해 정공定公·헌공獻公·성공聲公에 이르기까지 정나라에서 이십여 년 동안이나 벼슬에 있었다. 자산이 대대적으로 정치와 경제를 개혁하고 외교적으로는 흔들림 없이 진晉나라와 동맹 관계를 유지한 덕분에 정나라는 한층 안정되었다.

어느 날 어떤 사람이 자산에게 큰 물고기 한 마리를 선물했다. 이에 자산은 저수지를 관리하던 사람을 불러 물고기를 그곳에 놓아

1장. 도가 바로 눈앞에 있는데 멀리서 찾는다

키우라고 시켰다. 그런데 그 저수지 관리인은 자산 몰래 그 물고기를 먹어치우고서 자산에게는 거짓 보고를 했다. "분부하신 대로 물고기를 저수지에 풀어놓았는데 처음에는 꿈쩍도 하지 않더니 잠시 후 꼬리를 흔들면서 헤엄을 치기 시작했습니다. 그런데 또 얼마 후에 보니 갑자기 어디론가 사라져버렸지 뭡니까?" 관리인에게 이야기를 들은 자산은 매우 만족스러운 얼굴로 말했다. "물고기가 자신이 가야 할 곳으로 갔구나, 제자리로 돌아갔어!"

그러자 관리인은 속으로 자산을 비웃었다. 그러고는 나중에 다른 사람에게 조용히 말했다. "물고기가 이미 내 뱃속에 있는 것도 모르고 '제자리로 갔구나, 제자리로'라고 말하는 자산을 누가 지혜롭다고 한단 말인가?"

지혜가 꼬리를 무는 역사 이야기

삼국시대, 제갈량諸葛亮의 부인 황석黃碩(우리나라에서는 황월영黃月英으로 알려져 있음)은 이름처럼 머리카락은 노랗고 피부는 검으며 덩치도 우람해 그야말로 마을에서 알아주는 추녀醜女였다.

황석은 하남河南 지역에서 유명했던 황승언黃承彦의 딸이다. 황승언은 제갈량의 마음을 잘 아는 사람인지라 일찍이 나라에 뜻을 둔 제갈량이 훌륭한 집안의 규수나 소문난 미인에게는 전혀 관심이 없고 오직 지혜와 덕을 겸비해 그를 내조할 현모양처를 원한다는 것도 잘 알고 있었다. 그래서 황승언은 체통은 좀 살지 않지만 자신이 중매를 서서 제갈량에게 자신의 딸을 시집보내겠다고 결심했다.

어느 날 제갈량이 황승언의 집에 찾아왔다. 그런데 집 안에 들어서자마자 갑자기 개 두 마리가 제갈량에게 달려드는 것이 아닌가! 깜짝 놀란 하인이 달려와 개의 머리를 치고 귀를 누르니 사나웠던 개들은 금세 얌전해져서 바닥에 가만히 앉았다. 그 모습이 신기했던 제갈량이 자세히 살펴보니, 그것들은 진짜 개가 아니라 기계처럼 움직이는 목각 인형이었다. 제갈량은 진짜 개와 흡사할 만큼 정교한 개들을 보고 감탄을 금치 못했다. 그러자 황승언이 크게 웃으며 말했다. "그건 내 딸이 심심할 때 가지고 노는 것들인데 자네를 놀라게 할 줄은 미처 몰랐네. 정말 미안하구먼."

집 안으로 들어가며 제갈량이 주위를 둘러보니 벽에 『조대가궁원수독도曹大家宮苑授讀圖』가 걸려 있었다. 그것에 또 감탄하는 제갈량에게 황승언은 또 "그것은 내 딸이 그냥 재미삼아 끼적거린 거라네. 자네 같은 전문가가 보면 웃음밖에 안 나올 걸세."라고 말했다.

그리고 창밖에 피어 있는 꽃들을 가리키면서 "저 꽃들과 화분은 다 내 딸이 손수 심고 물을 주고 손질한 것들이라네."라고 딸을 칭찬했다.

그 후 제갈량이 황석을 아내로 맞아들이자 마을 사람들은 하나같이 "아내를 얻을 때는 공명孔明(제갈량의 자)을 따라하지 마라. 못생긴 여자를 얻을 뿐이니."라며 그를 비웃었다. 하지만 그들은 제갈량이 사실은 운 좋게도 자신의 필요에 따라 원했던 현명하고 덕을 겸비한 현모양처를 부인으로 얻었다는 것은 전혀 생각지 못했다.

무덤에서
구걸하다

墻間乞餘(장간걸여)

이튿날 아침 여자는 남편의 뒤를 밟았다. 거리를 한참 돌아다니는데도 남편과 이야기를 나누는 사람은 아무도 없었다. 그러더니 남편은 마침내 동쪽 교외에 있는 묘지에 도착했다. 남편은 어느 제사 지내는 무덤으로 가더니 남은 음식을 구걸해 먹고 그것도 모자라 또 다른 곳으로 가서 밥을 구걸했다. 이것이 바로 실컷 먹는 방법이었다.

　제나라에 한 남자가 아내 한 명과 첩 한 명을 데리고 살았다. 살림은 가난한데 어떻게 된 일인지 남편은 항상 밖에서 술을 잔뜩 마시고 집에 돌아왔다. 어디를 다녀오느냐고 물어봐도 남편은 항상 "부자 친구가 대접한 것이오."라고 대답할 뿐이었다. 남편의 행동을 수상쩍게 생각한 부인은 첩에게 말했다. "항상 부자 친구에게 대접받은 거라

고 말하긴 하지만, 어찌 우리 집에는 손님이 한 번도 찾아오지 않는 거지? 자네와 내가 한 번 알아봐야 하지 않겠나?"라고 말했다.

다음날 아침 남편은 평소처럼 밖으로 나갔다. 아내는 몰래 남편의 뒤를 밟기 시작했다. 한참을 걸었는데도 그동안 남편과 인사하는 사람은 단 한 명도 없었고 남편과 이야기를 나누는 사람은 더더욱 없었다.

어느새 남편은 성 바깥까지 나가 동쪽 교외로 가더니 어느 무덤을 향해 걸어갔다. 그곳에서는 막 장례를 치른 사람들이 제사를 지내고 남은 음식을 먹고 있었다. 남편은 그들에게 가서 남은 음식을 구걸하더니 한쪽으로 가서 게걸스럽게 먹기 시작했다. 금세 다 먹어치운 남편은 아직도 배가 부르지 않은지 주위를 살펴보다가 제사를 지내고 있는 또 다른 사람들을 발견하고 그들에게 다가갔다. 이것이 바로 남편이 말하는 '부자 친구의 대접'이었던 것이다. 이렇게 해서 부인은 사건의 전말을 그제야 알게 되었다.

기운이 빠진 부인은 바로 집으로 돌아와 자기가 본 모든 상황을 첩에게 말해주면서 "남편이란 우리가 평생 의지해야 할 사람인데 우리 남편은 겨우 이 지경이구나!"라고 한탄했다. 첩 또한 이 말을 듣고 마음이 아팠다. 두 사람이 서로 위로하며 통곡하는데 마침 남편이 돌아왔다. 남편은 사실이 다 들통 난 것도 모르고 의기양양한 채 으스대며 방 안으로 늘어왔다. 그리고는 울고 있는 부인과 첩을 보며 "뭐하는 짓이오? 나 같은 남편을 둔 것도 만족하지 못하는 거요?"라며 한껏 자신을 뽑냈다.

남송南宋 소흥紹興 10년(1140년), 감찰어사 만사설萬俟卨('만사'가 성씨임)은 진회秦檜의 꼬드김에 넘어가 조정에 악비岳飛를 모함하는 상소를 올렸다. 그는 악비가 오만방자하며 과거 금나라가 회서淮西 지역을 공격했을 때 군사들과 진영을 버렸다는 죄명을 씌웠다. 만사설이 이렇게 거짓 상소를 올린 후 악비를 미워하던 대신들과 진회가 악비를 공격하는 상소를 연이어 올리는 바람에 악비는 결국 추밀부사樞密副使 자리에서 물러나게 되었다.

하지만 진회는 그 후에 다시 고종高宗에게 상소해 악비와 악운岳雲을 잡아다가 대리사大理寺(형벌과 감옥에 관한 일을 맡아본 관청)에서 심문할 것을 간청했다. 그런데 심문을 맡은 중승中丞 하주何鑄는 악비의 넓은 마음씨에 감동해 조정에 악비의 죄가 명확하지 않다고 보고했다. 그러자 대리사경卿 설인보薛仁輔, 대리사승丞 이약박李若樸·하유何彘·한세충韓世忠·유홍도劉洪道 등 많은 관리가 용감하게 나서서 악비의 무죄를 호소했다.

이에 하주가 악비를 동정한다고 생각한 진회는 그에게 계속 심문을 맡기지 않고 만사설에게 넘겨 악비의 죄를 날조하도록 했다. 만사설은 조정의 명을 받는 관리였지만 실은 상황에 따라 간에 붙었다

쓸개에 붙었다 하는 소인배에 불과했다. 양심이나 정의 따윈 진즉에 버린 그는 진회의 사주에 따라 악운이 장헌張憲에게 군대를 모아 반란을 일으키자는 내용의 편지를 보냈다고 모함했다. 그리고 증거가 없는 것을 무마하기 위해 장헌이 이미 그 편지를 불태웠다고 거짓말했다.

　1142년 1월 민족의 영웅 악비는 결국 모함을 받아 서른아홉 살 젊은 나이에 풍파정風波亭에서 처형당했고 악운과 장헌도 그곳에서 처형당했다. 그 후로도 만사설은 계속해서 자신의 인생을 진회를 위해 바쳤다. 하지만 한 번 진나라 사람들이 진회를 칭찬했다고 꾸며 고종에게 고하지 않았다고 바로 벼슬에서 밀려나 귀주歸州로 내려갔다.

자기 자신에게서
잘못의 원인을 찾다

返求諸己(반구제기)

하인이면서 다른 사람에게 부림 받길 부끄러워하는 것은 마치 활 만드는 사람이 활 만드는 것을 부끄럽게 여기는 것과 같고, 화살 만드는 사람이 화살 만드는 것을 부끄러워하는 것과 같다. 만약 자신의 일에 부끄러움을 느낀다면 인을 행해라. 인을 행하는 사람은 활을 쏘는 사람과 같다. 활 쏘는 사람은 자신의 자세를 바르게 한 후에 활시위를 당긴다. 그리고 화살이 빗나간다 하더라도 자신을 이긴 사람을 원망하지 않고 자신에게서 그 잘못을 찾는다.

─────────────

맹자는 사람의 본성은 원래 선하지만 인을 행할 수 있느냐의 여부는 주위 환경에 달렸다고 생각했다. 그리고 동시에 사람은 자신의 환경을 결정할 능력이 있다고도 생각했다. 그는 "활을 만드는 사람은 갑옷을 만드는 사람보다 선하지 않은 사람인가? 활을 만드는 사람은 사람을 상하게 하지 못할까 봐 걱정하고 갑옷 만드는 사람은 사람이 다칠까 봐 걱정한다. 무당과 목수도 마찬가지다. 그러므로 직업을 선택할 때는 신중해야 한다. 공자는 인에 속한 것은 완전한 것이다. 자신이 선택한 것이 인에 속하지 않다면 어찌 지혜롭다 말할 수 있겠는가 라고 했다. 인은 하늘이 내리는 높은 벼슬자리고 사람이 평안히 거할 수 있는 집이다. 그러므로 방해가 없는데도 인을 행하지 않는 것은 지혜롭지 못한 처사다. 인하지도 않고 지혜롭지도 않으며 예의도 없고 의를 지키지 않는 사람은 다른 사람에게 부림 받을 수밖에 없다. 하인이면서 다른 사람에게 부림 받길 부끄러워하는 것은 마치 활 만드는 사람이 활 만드는 것을 부끄럽게 여기는 것과 같고 화살 만드는 사람이 화살 만드는 것을 부끄러워하는 것과 같다. 만약 자신의 일에 부끄러움을 느낀다면 인을 행해라. 인을 행하는 사람은 활을 쏘는 사람과 같다. 활 쏘는 사람은 자신의 자세를 바르게 한 후에 활시위를 당긴다. 그리고 화살이 빗나간다 하더라도 자신을 이긴 사람을 원망하지 않고 자신에게서 그 잘못을 찾는다."라고 말했다.

───────── **지혜가 꼬리를 무는 역사 이야기** ─────────

어느 날 석옥 선사石屋禪師가 머무는 방에 도둑이 들었다. 선사는 침착한 목소리로 물었다. "당신은 누구신가?" 상대방은 솔직하게 자신은 도둑이라고 말했다. 선사는 웃으며 물었다. "당신은 도둑질을 몇 번이나 했소?" 도둑은 "셀 수 없을 만큼 많이 했소."라고 대답했다. 선사는 다시 물었다. "그러면 훔칠 때마다 그 기쁨은 얼마나 오래갔소?" 도둑이 대답했다. "아무리 길어도 며칠 가지 않소. 기쁨이 오래가지 않으니 나는 곧 다시 도둑질을 할 수밖에 없소." 도둑의 대답을 들은 선사는 "왜 기쁨을 오랫동안 누릴 수 있는 도둑질을 하지 않는 것이오?"라고 물었다. 도둑은 깜짝 놀라 선사에게 물었다. "스님도 도둑질을 해본 적이 있으시오?" 선사는 잠시 침묵하더니 "딱 한 번 훔쳤는데 평생토록 누리고 있소이다."라고 대답했다. 도둑은 기쁨에 가득 찬 얼굴로 황급히 선사에게 물었다. "나에게 가르쳐줄 수 있소?" 선사는 도둑에게 자신 쪽으로 다가오라고 손짓하더니 갑자기 도둑의 가슴에 손을 대고는 큰 목소리로 말했다. "이곳이 바로 보물이 있는 곳이오. 나도 여기서 도둑질한 것이라오."

선사의 갑작스런 큰 목소리에 깜짝 놀라 혼이 달아날 뻔했던 도둑은 순간 깨달음을 얻었다.

외부에서 얻는 기쁨은 순간적인 것으로 언젠가는 사라지지만 자기 자신의 잘못을 되돌아보는 데서 진정한 기쁨을 얻을 수 있다는 것이었다. 도둑은 바로 그 자리에 무릎 꿇고 개과천선하겠노라 약속하고는 석옥 선사를 따라 참선했다.

한 치 길이의 나무도
높은 건물보다 더 높을 수 있다

方寸之木 高於岑樓(방촌지목 고어잠루)

원래 기초가 되는 것의 높낮이를 헤아리지 않고 끝만 비교한다면 한 치(자의 10분의 1로, 약 3센티미터) 길이의 나무도 높은 건물보다 더 높을 수 있다. 쇠가 새털보다 무겁다고 하는데 금 세 돈 정도와 수레 한가득 실린 새털을 비교한 것이겠는가? 먹는 것의 중요함과 예절의 가벼움을 비교하면 어찌 먹는 것이 중요하지 않겠는가? 또 부인을 얻는 것의 중요함과 예절의 가벼운 문제를 비교하면 어찌 부인을 얻는 것이 더 중요하지 않겠는가?

———————

맹자의 제자인 옥려자屋廬子는 성이 옥려이고 이름은 연連이다. 어느 날 임任나라 사람이 옥려자를 찾아와 예禮와 먹는 것 가운데 무엇이 더 중요하냐고 물었다. 옥려자는 맹자가 항상 가르치는 내용을 떠올리며 아무 생각 없이 "예가 더 중요하지요."라고 대답했다.

그러자 임나라 사람이 다시 물었다. "그렇다면 아내를 취하는 것과 예 가운데 무엇이 더 중요합니까?" 옥려자는 또 "그래도 예가 더 중요하지요."라고 대답했다. 임나라 사람이 진지하게 물었다. "그럼 예를 지키면 굶거나 심지어 굶어죽을 수도 있고 반면에 예를 지키지 않으면 먹을 것을 구할 수 있다고 가정해봅시다. 그래도 예가 중요합니까? 또 예를 갖추어 아내를 구하면 아내를 취할 수 없고 반면에 그렇지 않으면 아내를 얻을 수 있다고 할 때 그래도 예를 지켜야 합니까?" 옥려자는 결국 대답을 하지 못했다.

이튿날 옥려자는 바로 추나라로 가서 맹자에게 임나라 사람의 질문을 그대로 전했다.

맹자는 그의 이야기를 듣고서 이렇게 대답했다. "그 질문에 답하는 것이 뭐 그리 어렵단 말이냐! 예를 들어서 만약 기초의 높낮이를 따지지 않고 끝만 비교한다면 한 치 길이의 작은 나무도 높은 건물보다 더욱 높다고 할 수 있다. 또 쇠가 새털보다도 무겁다고 하지만 금세 돈과 수레 한가득 실린 새털을 비교하면 뭐가 더 무겁겠느냐? 먹는 것의 중요함과 예절의 가벼움을 비교하면 먹는 것이 더 중요하지 않느냐! 또 부인을 얻는 것의 중요함과 예절의 가벼운 문제를 비교하면 부인을 얻는 것이 더 중요하질 않느냐! 너는 가서 그 사람에게 이렇게 대답해라. 형의 팔을 비틀어 먹을 것을 빼앗으면 먹을 수 있고 그렇지 않으면 먹을 것을 얻지 못한다고 할 때 형의 팔을 비틀겠는가? 또 이

옷집 담을 넘어 그 집 여자를 안으면 아내를 얻고 그렇지 않으면 아내를 얻지 못한다고 할 때 이웃집 담을 넘어가 남의 여자를 안겠는가?"

지혜가 꼬리를 무는 역사 이야기

어느 날 당나라의 중종中宗이 재상 소괴蘇瑰와 이교李嶠의 아들을 보고 싶으니 데려오라고 명했다. 두 사람의 아들들은 아직 어린 아이들이었다. 중종은 아이들에게 많은 선물을 주고 머리를 쓰다듬으며 말했다. "너희가 읽은 책의 내용을 나에게 말해다오." 소괴의 아들 소정蘇頲이 먼저 말했다. "목종승즉정木從繩則正 군종간즉성君從諫則聖."

말인즉슨 나무를 자를 때는 먹줄을 사용해야 곧게 잘라지고 임금이 나라를 다스릴 때 간언을 받아들이면 성군이 된다는 뜻이다. 이교의 아들은 소정의 구절에 두 구句를 덧붙였다. "작조섭지경斫朝涉之脛 부현인지심剖賢人之心." 이교의 아들이 붙인 구절은 상商 주왕紂王에 관한 이야기였다.

추운 겨울날 아침 한 노인이 맨발로 강을 건너는 것을 본 상 주왕은 '노인의 뼈는 다른 사람과 달리 추위를 견딜 수 있는 뼈인가 보다'라고 생각했다. 그러더니 사람을 시켜 그 노인의 뼈를 잘라 살펴보라는 것이 아닌가! 이에 대신 비간比幹이 명을 거두어달라고 간청했으나 상 주왕은 오히려 불같이 화를 내며 "성인의 심장은 구멍이 일곱 개라는데 당신의 심장도 구멍이 일곱 개 있는지 봐야겠소."라고 말하고 비간을 죽여 심장을 확인했다.

두 아이의 이야기를 다 듣고 나서 중종이 말했다. "이 아이들은 한 치 길이의 작은 나무와 높은 건물처럼 서로 비교가 되지 않는구나. 소괴는 아들이 있지만 이교는 아들이 없는 것이나 마찬가지로다."

처음
시작하는
맹자

2

책만
믿는다면
책이 없는 것만
못하다

할 수 없는 것이 아니라
하지 않는 것이다

非不能也 是不爲也(비불능야 시불위야)

선왕이 물었다. "하지 않는 것과 하지 못하는 것은 어떤 기준으로 나누는 것인가?" 맹자가 대답했다. "옆에 태산을 끼고 북해를 건너뛰는 일을 두고 나는 이것을 할 수 없다고 말하는 것은 정말로 하지 못하는 일입니다. 하지만 어른에게 허리를 굽히는 일을 두고 나는 할 수 없다고 말하는 것은 하지 않는 것입니다. 그러므로 왕께서 인과 덕으로 천하를 통일하지 못하는 것은 태산을 끼고 북해를 건너뛰는 것에 속하는 것이 아니라 어른에게 허리를 굽히지 않는 일에 속합니다."

어느 날 한 사람이 제사에 쓸 소를 끌고 당堂을 지나가고 있었다. 그는 이 소를 죽여서 그 피를 제사용 종에 바를 생각이었다. 그런데 때마침 당상에 앉아 있던 제 선왕이 무고한 소를 죽이는 것을 차마 못

보겠다며 양으로 바꿔서 제사에 쓰라고 했다. 그러자 사람들은 제 선왕이 소를 쓰는 것이 아까워 그러는 것이라고 수군댔다.

맹자는 이 일을 듣고 선왕 앞에 나아가 말했다. "소가 죽는 것을 볼 수 없어 양으로 바꾸라고 하셨는데 소와 양이 다를 것이 무엇입니까? 폐하께서는 소가 끌려가는 것을 보고 차마 죽는 것을 볼 수 없으셨던 것입니다. 이런 마음은 왕이 반드시 지녀야 할 마음가짐입니다." 그리고 이어서 맹자는 안쓰러워하는 마음과 왕의 도리에 대해 이야기했다. "지금 폐하께서는 이미 소와 양에게까지 안쓰러움을 느끼지만 백성을 안쓰럽게 여겨 인정을 베풀지는 못하고 있습니다. 백성에게 은혜를 베풀지 못한다면 왕이 될 수 없습니다. 이는 백성을 사랑할 능력이 모자라서가 아니라 바로 마음이 부족하고 노력이 부족하기 때문입니다." 그러자 제 선왕은 이해가 되지 않는다는 표정으로 물었다. "능력이 없는 것과 노력이 부족한 것은 어디에서 차이가 나는가?" 이에 맹자가 대답했다. "옆에 태산을 끼고 바다를 건너는 문제에 대해 나는 할 수 없다고 하는 것은 정말로 할 수 없어서 그리 이야기하는 것입니다. 하지만 어른에게 허리를 굽혀 예를 갖추는 문제에 대해 나는 할 수 없다고 하는 것은 그럴 마음이 없어서 노력할 생각이 없다는 뜻입니다. 왕이 되어 천하를 다스리지 않는다는 것은 태산을 끼고 바다를 건너는 것처럼 불가능해서 못하는 것이 아니라 어른에게 허리를 굽히지 않는 것처럼 하기 싫어서 하지 않는 것입니다." 맹자는 더 나아가 "집안 어른을 존경하는 마음으로 다른 집 어른을 존경하고 자기 아이를 사랑하는 것처럼 다른 집 아이를 사랑하는 분위기를 전 사회로 퍼져나가게 할 수 있다면 천하를 폐하의 손바닥 위에 놓고 마음대로 움직이실 수 있습니다."라고 말했다.

지혜가 꼬리를 무는 역사 이야기

당나라 때, 몇 대에 걸쳐 삼공을 배출한 명문가에 루사덕婁師德이란 자손이 있었는데 그 역시 조정에서 중요한 관직을 맡았다. 후에 아우가 대주代州 태수로 가게 되어 루사덕에게 작별 인사를 하러 찾아왔다.

루사덕은 "우리 집안은 조정의 은혜를 많이 입었고, 우리 두 형제도 모두 관직을 맡고 있다. 하지만 많은 사람들이 명문가 집안의 아들들은 제멋대로라고 생각하니, 너는 앞으로 항상 이 점을 유념해 우리 가문의 명예에 먹칠하지 않도록 많이 참아야 한다."고 당부했다. 그의 아우가 대답했다. "저도 잘 알고 있습니다. 다른 사람이 제 얼굴에 침을 뱉는다 해도 아무 말 없이 닦고 말겠습니다." 그 말에 루사덕은 고개를 저으며 말했다. "그렇게 해서는 안 된다. 닦을 수 없어서 못 닦는 것이 아니라 닦으면 안 되는 것이야. 네가 그걸 닦아내면 뱉은 그 사람이 뭐가 되겠느냐? 만약 누가 너의 얼굴에 침을 뱉으면 그 침이 자연히 마르도록 그냥 놔두어라. 그렇게 하면 그것은 사람이 할 수 없는 일이 아니라 하기 싫어서 하지 않는 일이 된다." 이 일화에서 루사덕의 사람됨을 알 수 있다.

　한편, 같은 시대를 살았던 이소덕李昭德은 작은 일에도 화를 잘 내고 말을 함부로 내뱉는 사람이었다. 어느 날 루사덕과 이소덕이 함께 입궐할 일이 있었다. 그런데 루사덕은 키가 크고 몸이 비대한데다 한쪽 다리를 절어서 걸음이 느렸다. 함께 걸어야 하는데 속도가 자꾸만 느려지자 성격 급한 이소덕은 루사덕에게 "이 시골 영감!"이라고 쏘아붙이고 말았다. 하지만 루사덕은 전혀 기분 나빠 하지 않고 오히려 허허 웃으며 "왜 부르시오? 그래, 내가 시골 영감이 아니면 누가 시골 영감이겠소?"라고 대답했다.

부모의 명령이나
중매쟁이의 말을 듣지 않는다

父母之命 媒妁之言(부모지명 매작지언)

맹자께서 말씀하시길 "모든 부모의 마음은 아들이 태어나면 그를 위해 아내를 얻어주고 싶고 딸이 태어나면 그를 위해 남편을 얻어주고 싶어 하는 법이다. 그러므로 부모의 명령이나 중매쟁이의 말을 듣지 않고 담에 구멍을 뚫어 서로 몰래 보며 또 담을 넘어 몰래 만난다면 부모나 세상 사람들 모두 그를 도둑 같은 사람이라 여길 것이다. 옛 군자들은 관직에 오르고 싶어 하지 않은 게 아니라 옳지 않은 방법으로 벼슬하는 것을 미워했다. 옳지 않은 방법으로 벼슬하는 것은 벽에 구멍을 뚫고 엿보는 것과 같은 것이다." 라고 했다.

———————

전국시대 위魏나라 사람인 주소周霄가 어느 날 맹자를 찾아와 말했다. "옛 군자들은 벼슬을 했습니까?" 그러자 맹자는 대답했다. "벼

슬을 했소. 옛 기록에 보면 '공자는 석 달 동안 섬길 임금이 없으면 초
조해하고 국경을 벗어날 때는 반드시 예물을 싣고 그 나라 왕을 알현
했다'라고 되어 있소."라고 대답했다.

그러자 주소는 "국경을 벗어날 때 반드시 예물을 싣고 그 나라
왕을 알현했다고 하는데 그 이유는 무엇입니까?"라고 물었다. 이에
맹자는 오히려 되물었다. "선비가 벼슬하는 것은 농부가 농사짓는 것
과 같소. 농부가 국경을 벗어난다고 해서 농기구를 버릴 수 있소?"

주소는 다시 물었다. "우리 위나라도 벼슬살이를 할 만한 나라
입니다. 하지만 벼슬살이가 그렇게 급하다는 것은 들어본 적이 없습
니다. 벼슬하는 것이 그리도 급한데 군자가 쉽게 벼슬을 하지 않는 이
유는 무엇입니까?" 그러자 맹자가 대답했다. "모든 부모의 마음은 아
들이 태어나면 그를 위해 아내를 얻어주고 싶고 딸이 태어나면 그를
위해 남편을 얻어주고 싶어 하는 법이오. 그러므로 부모의 명령이나
중매쟁이의 말을 듣지 않고 담에 구멍을 뚫어 서로 몰래 보며 또 담을
넘어 몰래 만난다면 부모나 세상 사람들 모두 그를 무시할 것이오. 옛
군자들은 관직에 오르고 싶어 하지 않은 게 아니라 옳지 않은 방법으
로 벼슬하는 것을 미워했던 것이오. 옳지 않은 방법으로 벼슬하는 것
은 벽에 구멍을 뚫고 서로 엿보는 것과 같다오."

소동파蘇東坡의 첫째 부인 왕불王弗은 생활에 큰 도움이 되는 존재였다. 1054년, 아직 과거를 보기 전인 열여덟 살 젊은 청년 소동파는 열다섯 살인 왕불을 아내로 맞이했다. 비록 그들의 혼인은 누구나 그러하듯 부모의 명과 중매쟁이에 의해 맺어진 것이지만 두 사람은 정을 깊이 나누었고 왕불은 총명함과 사려 깊은 마음으로 소동파의 곁에서 항상 도움을 주었다. 그녀는 남편이 열심히 공부한다는 것을 잘 알아 온종일 그의 옆을 떠나지 않고 지켰다. 소동파가 혹여 책의 내용을 잊어버려 답답해할 때면 왕불이 옆에서 상기시켜주었다. 또한 그녀는 다른 책의 내용도 전부 기억하고 있었다.

소동파는 "하늘 아래 나쁜 사람은 없다"며 자신과 교제하는 모든 사람들을 다 좋은 사람이라 여겼다. 그런 소동파였기에 왕불은 그가 만나는 사람들이 어떤 사람인지 알아보려고 남편이 사람을 만날 때마다 뒤에 숨어서 조용히 대화를 들었다. 어느 날은 방문한 손님이 떠나자 왕불은 "방금 그 사람은 말을 주저하고 우물쭈물하며 대화 내내 당신이 무엇을 말하는지에만 관심을 기울이더군요. 그런 사람과 시간을 낭비해서 무엇을 하시렵니까?"라고 따끔히 충고했다. 소동파와 왕불은 11년을 함께 살았다. 1065년 5월 8일에 왕불이 스물여섯 살의 젊은 나이로 세상을 떠났는데 소동파는 그녀가 죽은 뒤에도 그녀를 가슴에 묻고 잊지 못했다.

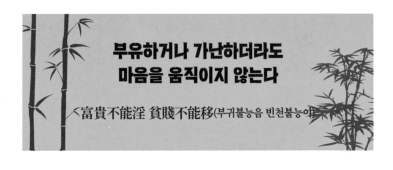

맹자께서 말씀하시길 "그것을 어찌 대장부라고 할 수 있는가? 당신은 예를 배운 적이 없는가? 남자가 관례를 할 때 아버지가 훈계하고, 여자가 시집갈 때 어머니가 훈계하며 문밖까지 배웅하고 말하기를 시집을 가거든 공경하고 조심하며 남편의 뜻에 어긋남이 없도록 하라고 말한다. 순종을 도리로 삼는 것은 단지 여자가 지켜야 할 도리이다. 대장부라면 마땅히 천하라는 넓은 집, 즉 인仁 속에 살고 가장 바른 자리, 즉 예禮에 머물며 천하에서 가장 넓은 길, 즉 의義를 걸어야 한다. 만약 이것을 행하여 뜻을 이루면 백성과 함께 이 길을 걸을 수 있고 만약 그렇지 않으면 혼자 이 도를 행해야 한다. 그리하여 부귀에도 마음이 흔들리지 않고 가난에서 벗어나기 위해 마음을 바꾸지도 않으며 어떤 무력에도 의지를 꺾지 않으니 이를 바로 대장부라고 부른다."라고 하였다.

경춘景春은 전국시대에 유명한 종횡가縱橫家다. 종횡가는 전국시대에 합종연횡合從連橫(중국 전국시대의 최강국인 진秦·연燕·제齊·초楚·한韓·위魏·조趙 6국 사이의 외교 전술)에 힘쓰던 외교가이자 전략가로 그 전략적 주장에 따라 종횡파와 연횡파로 나뉜다.

하루는 경춘과 맹자가 대장부에 대한 이야기를 나누었다. 경춘은 맹자에게 "공손연公孫衍과 장의張儀는 진정한 대장부 아닙니까? 그들이 화를 내면 제후들조차 두려워하고 그들이 조용하면 천하가 태평하니 말입니다."라고 물었다.

경춘이 말하는 장의는 연횡파의 대표적 인물로 진秦나라에 충성하며 6국의 연합을 흩어버리고 여러 나라를 공격하는 등 진나라를 강성하게 하는 데 힘썼다. 공손연 역시 진나라의 연횡파에 속했으나 이후 위나라로 건너가 오히려 6국 연합에 힘을 쏟았다. 각각 연횡파, 합종파인 장의와 공손연은 전국시대에 천하를 주무르며 제후들에게까지 그 영향력을 미쳤다. 그런 이유로 경춘이 장의와 공손연에게 탄복하며 이들을 대장부라고 칭한 것이었다.

"그러나 맹자는 경춘의 말에는 아랑곳하지 않고 이렇게 말했다. 그것이 어찌 대장부라는 것이오? 당신은 예절에 대해 배워본 적이 없소? 남자가 관례를 할 때 아버지가 훈계하고 여자가 시집갈 때 어머니가 훈계하며 문 밖까지 배웅하고 말하기를 시집을 가거든 공경하고 조심히며 님편의 뜻에 어긋남이 없도록 하라고 하지 않소? 순종을 도리로 삼는 것은 단지 여자가 지켜야 할 도리이오. 반면에 대장부라면 마땅히 천하라는 넓은 집, 즉 인仁 속에 살고 가장 바른 자리, 즉 예禮에 머물며 천하에서 가장 넓은 길, 즉 의義를 걸어야 하오. 만약 이것을 행하여 뜻을 이루면 백성과 함께 이 길을 걸을 수 있고 만약 그렇지 않다면 혼자서 이 도를 행해야 하오. 그리하면 눈앞에 부귀가 다가와도 마음이 흔들리지 않고 가난에서 벗어나기 위해 마음을 바꾸지도 않으며 어떤 무력에도 의지를 꺾지 않으니 이를 바로 대장부라고 부르오.”

지혜가 꼬리를 무는 역사 이야기

남조南朝 시대의 학자 범진范縝은 몰락한 사대부집안의 자손이다. 송宋·제齊·양梁 시대를 살았던 범진은 젊은 시절에 유명한 학자인 유헌劉獻에게 지도를 받았다. 범진은 비록 늘 낡아빠진 옷차림이었지만 한 번도 자괴감에 빠진 적은 없었다. 오히려 열심히 학업에 매진해 가장 우수한 제자가 되었다.

507년, 범진이 유명한 『신멸론神滅論』을 저술해 세상에 발표하자 조정은 이 책으로 말미암아 발칵 뒤집어졌다. 특히 신실한 불교 신자인 남제南齊의 승상丞相 소자량蕭子良이 불같이 화를 냈다. 그는 곧 불교를 심도 있게 다룬 스님들의 자료를 수집해 범진에게 대항하려 했지만 그에게 반박할 구체적인 예를 도저히 찾을 수가 없었다. 소자량은 어쨌든 그에게 지는 것이 분해 범진이 이치에 어긋난 신멸론으로 교화를 어지럽힌다는 죄명을 뒤집어씌웠으나 이러한 방법도 끝내 범진을 꺾지 못했다.

그 어떤 방법도 통하지 않자 소자량은 이번에는 자신의 심복 왕융王融을 보내 높은 관직을 미끼로 그를 설득하려 했다. 왕융은 범진에게 가서 설득조로 말했다. "자네처럼 재능 있는 자는 중서랑中書郎 같은 높은 벼슬에 올라야 하네. 그런데 자네는 어찌 이렇게 도리에 어긋나는 신멸론으로 자신의 앞길을 가로막는가? 어서 그것을 포기하게!"

그러나 범진은 부귀나 가난에 흔들려 마음을 바꾸는 사람이 아니었다. 그는 왕융의 말을 듣고 크게 웃으면서 대답했다. "나 범진이 만약 내 이론을 버리고 관직에 오르려 했다면 그까짓 중서랑이 아니라 벌써 상서령尙書令·중서령中書令이 되었을 것이오!" 그 말을 들은 왕융은 부끄러워 얼굴이 빨개진 채로 돌아갔다.

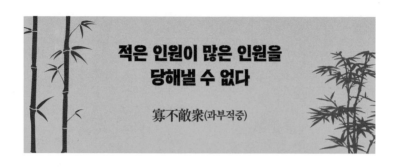

적은 인원이 많은 인원을 당해낼 수 없다

寡不敵衆(과부적중)

그렇다면 작은 나라는 큰 나라를 대적하지 못하고 사람이 적으면 많은 사람을 이기지 못하고 힘이 약하면 강자를 이길 수 없다.

제 선왕이 맹자에게 세계를 지배할 수 있는 방법을 물었다. 그러자 맹자는 그의 질문에 직접적으로 대답하지 않고 오히려 질문을 던졌다. "폐하께서는 추鄒나라와 초楚나라가 전쟁을 하면 누가 이길 것이라고 생각하십니까?" 제 선왕은 "당연히 초나라가 이기지요."라고 대답했다. 이에 맹자가 말했다. "그렇다면 작은 나라는 큰 나라를 대적하지 못하고 사람이 적으면 많은 사람을 이기지 못하고 힘이 약하면 강자를 이길 수 없겠군요? 지금 천하에 땅이 천 리에 이르는 나라가 아홉이 있는데 제나라는 영토 전부를 다 끌어 모아야 겨우 그 중

2장. 책만 믿는다면 책이 없는 것만 못하다

하나를 차지할 수 있습니다. 하나로 여덟을 굴복시키는 것이 추나라가 초나라를 대적하는 것과 무엇이 다르겠습니까? 폐하께서는 인정仁政이라는 근본으로 돌아가야 합니다. 만약 폐하께서 법령을 선포하고 인정을 베풀어 온 천하의 벼슬하는 자들이 전부 폐하의 조정에서 벼슬하기를 바라게 하고 모든 농부가 폐하의 땅에서 농사짓기를 바라게 하며 모든 상인이 폐하의 나라에서 장사하기를 바라게 하고 또한 모든 나그네가 폐하의 길을 걷기를 바라게 한다면, 그리고 자신의 왕을 미워하는 사람들이 폐하에게 호소하러 온다면 폐하께서 천하를 다스리는 데 방해되는 것이 뭐가 있겠습니까?" 제 선왕은 맹자의 물음에 대답도 하지 못하고 그저 "머릿속이 혼란스러워 거기까지는 이해를 하지 못하겠소. 선생이 나에게 방법을 가르쳐주어 뜻을 이룰 수 있도록 도와주시오. 비록 나는 어리석은 자이나 한 번 시도해 보겠소."라고 말했다.

지혜가 꼬리를 무는 역사 이야기

이광李廣은 서한西漢 시대의 명장으로 용감하고 계략이 뛰어난 사람이었다.

어느 날 흉노족이 상군上郡을 공격해와 경제景帝는 이광의 군대에 출격하라는 명을 내리려고 측근을 보냈다. 기병 십여 명만 데리고 길을 떠난 이 측근은 도중에 흉노족 군사 세 명과 맞닥뜨리고 말았다.

그 결과 측근은 심각한 부상을 입었고 기병들도 모두 활에 맞아 죽었다. 간신히 홀로 도망친 측근이 마침내 이광의 군영에 도착해 정황을 고하자 이광은 즉시 기병 백여 명을 이끌고 그 흉노족을 쫓아가 두 명은 죽이고 한 명은 생포했다.

사로잡은 포로를 말에 묶어 끌고 가는데 어떻게 알았는지 흉노족 군사 수천 명이 쫓아왔다. 그런데 이광의 군대를 보고 자신들을 유인하러 온 기병인 줄로 착각했는지 갑자기 높은 곳으로 올라가 진을 세우는 게 아닌가.

한편 이광의 군대도 사실은 몰려온 흉노족의 규모를 보고 놀라 도망가려고 했다. 그때 이광이 큰 소리로 외쳤다. "우리는 지금 저들과 멀리 떨어져 있다. 만약 우리가 수적으로 열세라 생각해 도망간다면 저들은 우리 상황을 눈치 채고 바로 포위 공격을 해올 것이다. 확실히 우리의 적은 수로는 분명히 저들을 이길 수 없다. 그러나 또 반면에 우리가 도망가지 않고 태연하게 대처하면 흉노족은 아마 자신들보다 더 많은 우리 군이 근처에 있을 거라고 생각해 섣불리 공격해오지 않을 것이다."

말을 마친 이광은 병사들을 데리고 흉노족 진영에서 1킬로미터 정도 떨어진 곳으로 가 말안장을 풀고 휴식을 취했다. 그러자 과연 흉노족은 이광의 의도를 전혀 알아채지 못하고 군대를 철수해 돌아갔다. 그 일이 있은 후로 흉노족들은 이광을 '한나라의 비장군飛將軍'이라 불렀다.

몇 년 후 흉노족은 요서遼西 태수를 죽이고 한안국韓安國을 이기는 등 승승장구했다. 하지만 한 무제武帝가 이광을 우북평右北平 태수로 임명했다는 소식을 듣고는 몇 년간 그 근처에는 얼씬도 하지 못했다.

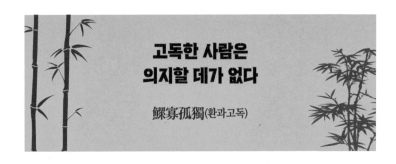

고독한 사람은
의지할 데가 없다

鰥寡孤獨(환과고독)

늘어서 아내가 없는 것을 환이라 하고, 늙어서 남편이 없는 것을 과라고 하며, 늙어서 자녀가 없는 것을 독이라 하고, 어려서 부모를 잃은 것을 고라 한다. 이 네 부류의 사람들은 천하에서 가장 어렵고 의지할 곳이 없는 사람이다.

───────────

어느 날 제 선왕이 맹자에게 가르침을 구했다. "사람들이 나에게 명당을 헐어버리라고 하는데 선생께서도 내가 명당을 헐어야 한다고 생각하시오?"

명당은 과거에 예를 갖춰 제사 지내기 위해 지은 곳으로 왕은 자주 명당에서 제후들을 불러 명령을 내리기도 하고 제사를 지내기도 했으며 명당의 건축 형식 또한 상징적인 의미를 지니고 있었다. 제 선

2장. 책만 믿는다면 책이 없는 것만 못하다

왕이 말하는 명당은 주周나라 시대에 왕이 동쪽을 둘러보러오면서 태산에 지은 명당을 뜻했다. 세월이 흐르면서 제나라 시대 때는 이미 왕의 순행이 사라졌기에 명당을 없애자는 이야기가 나온 것이었다.

맹자는 왕의 이야기를 듣고 정색하며 대답했다. "명당은 왕들의 전당입니다. 폐하께서 왕정을 행하려 하신다면 명당을 헐어서는 안 됩니다." 선왕은 "선생께서 내게 왕정에 대해 이야기해주겠소?"라고 물었다. 맹자는 "옛날에 문왕이 기岐를 다스릴 때 농사짓는 사람들에게서는 세금을 10분의 1만 거두었고 벼슬하는 사람들에게는 대대로 녹을 주었습니다. 관문이나 시장에서 사정을 조사하긴 했으나 세금을 거두진 않았고 호수에서 물고기 잡는 것을 금하지 않았습니다. 죄 있는 자를 벌할 때도 벌이 그의 처자식에게까지 미치지 않았습니다. 늙어서 아내가 없는 것을 환이라 하고, 늙어서 남편이 없는 것을 과라고 하며, 늙어서 자녀가 없는 것을 독이라 하고, 어려서 부모를 잃은 것을 고라 합니다. 이 네 부류의 사람들은 천하에서 가장 어렵고 의지할 곳이 없는 사람입니다. 문왕이 정치를 할 때도 이 네 부류의 사람들을 제일 우선적으로 생각하셨습니다."라고 말했다. 제 선왕이 말했다. "좋은 이야기오!"

당시 맹자가 말했던 네 부류의 사람들은 후에 그 범위가 확장되어 오늘날 말하는 '환과고독鰥寡孤獨'은 능력이 없어 혼자 생활하지 못하나 돌봐주는 이가 없는 사람들을 모두 포함해 가리킨다.

한漢나라 때 한양漢陽 태수 방중달龐仲達(우리나라 자료에는 방삼龐參, 혹은 방참이라는 이름을 사용)은 마을에 임당任棠이라는 자가 심성이 곧고 은거하며 남을 가르치는 것을 즐거움으로 삼는다는 이야기를 들었다. 마침 방중달은 지혜로운 자를 찾고 있던 터였고 본래 인재를 반기는 사람이었기에 한걸음에 임당에게 달려갔다. 임당은 집에서 책을 읽고 있었는데 태수가 온 걸 알고도 그에게 인사하지도 않고 또 말을 건네지도 않았다. 그러다가 갑자기 염교(백합과의 여러해살이 풀)와 물 한 사발을 들고 와 병풍 앞에 놓더니 손자를 안고 문 앞에 쪼그리고 앉아 아이와 놀아주었다.

태수와 함께 임당을 찾아온 한 측근이 그 모습을 보고 화가 나 태수에게 말했다. "이 사람은 너무 무례합니다!" 하지만 방중달은 오히려 "그는 절대 거만한 사람이 아니다. 지금 행동은 나에게 벼슬하는 도리를 암시해주는 것이다. 좋은 방법을 쓰는구나!"라며 기뻐했다. 이어서 방중달은 잠시 생각에 잠겼다가 측근에게 말했다. "임당은 예의가 없는 사람이 아니라 나에게 무언가를 말해주고 있는 게야. 맑은 물을 떠 온 것은 내가 더욱 청렴해져야 한다는 뜻이고 염교를 들고 온것은 마을에 있는 양반들을 엄중하게 다스리라는 뜻이며 아이를 안고 문 앞에 앉은 것은 의지할 곳 없는 불쌍한 이들을 먼저 돌보라는뜻이다!"

임당의 지혜에 깨달음을 얻은 방중달은 이후로 늘 임당의 암시를 떠올리며 청렴하게 고을을 다스렸다. 또한 가난한 이들을 돕고 세력만 믿고 횡포를 부리는 양반들을 엄중하게 대하며 인정과 후덕한 정치를 펼쳐 오랫동안 백성들에게 존경받았다.

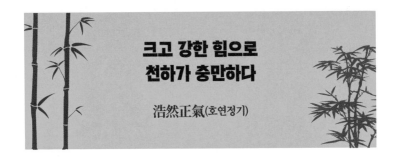

크고 강한 힘으로
천하가 충만하다

浩然正氣(호연정기)

공손추가 맹자에게 물었다. "스승님께서는 무엇을 잘하십니까?" 맹자는 "나는 여러 가지 말을 잘 판단하고 나의 호연지기를 잘 기르고 있다."라고 대답했다. 이에 공손추가 다시 물었다. "호연지기란 무엇입니까?" 그러자 맹자는 "그것은 대답하기 어려운 것이지. 호연지기란 크고 강한 것으로 그것이 상하지 않고 올바르게 길러진다면 천지에 가득하게 된다."라고 대답했다.

───────────

공손추가 맹자에게 물었다. "스승님께서는 무엇을 잘하십니까?" 그러자 맹자가 대답했다. "나는 다른 사람의 말을 잘 판단하고 나의 호연지기를 잘 기르고 있네." 공손추가 다시 물었다. "호연지기란 무엇입니까?" 이에 맹자는 "호연지기란 말로 설명하기 어려운 것

2장. 책만 믿는다면 책이 없는 것만 못하다

이라네. 이것은 크고 강한 힘이 있어 상하지 않게 하면서 올바르게만 기른다면 온 천하에 충만해질 것이야. 하지만 호연지기는 반드시 인 정과 도덕과 함께 어우러져야 하네. 그렇지 않으면 그것이 힘을 잃게 되기 때문이지. 그리고 호연지기는 언제나 의와 도와 함께 생겨나는 것이라서 우연히 행한 정의로운 행동으로는 얻을 수 없네. 일단 자신 의 행위에 조금이라도 부끄러운 점이 있다면 이 힘은 금방 시들어버 리지. 그러므로 고자告子가 의를 알지 못한다고 한 것은 그가 의를 밖 에 있는 것으로 보기 때문이라네. 우리는 계속해서 의를 길러야 하고 마음속으로 잊지 않아야 해. 하지만 동시에 우리 의지대로 이것을 길 러내려 해서도 안 되네."라고 대답했다.

여기서 말하는 고자는 전국시대 제자백가의 한 명으로, 논쟁의 한가운데에 있으면서 감히 권력에 대항했던 사람이었다. 그는 자주 사람들과 어울려 철학을 논했다. 『맹자 - 고자편』에 그의 수많은 어록 이 기록되어 있으며 『묵자墨子 - 공맹公孟편』에도 등장한다.

─────────── **지혜가 꼬리를 무는 역사 이야기** ───────────

당唐 대종代宗 때 곽자의郭子義의 아들 곽희郭晞는 빈주邠州 절도사 백효덕白孝德을 도와 외부의 침략을 막아내기 위해 군대를 이끌고 빈 주로 갔다. 하지만 곽희가 이끄는 병사들은 규율이 흐트러져 대낮에 도 서로 몰려다니며 무고한 백성들의 가게에 난입해 물건을 약탈하는 등 온갖 못된 짓을 일삼았다. 그 모습을 보면서도 백효덕은 곽희보다 벼슬이 낮았기에 감히 곽희 부대의 일에 참견할 수 없었다. 그때 빈주 근처 경주涇州에 자사刺史로 있던 단수실段秀實이 그 이야기를 듣고 홀로 찾아와서는 자기가 빈주의 도우후都虞侯(절도사나 관찰사 아래인 무관武官)를 맡아 치안을 관리하겠노라 했다.

며칠 후 곽희의 병사가 술집에서 주정하다 가게 주인을 공격한 일이 생겼다. 이에 단수실은 소동을 피운 병사 열일곱 명을 즉각 잡아다가 처형했다. 그 소식이 부대에 퍼지자 곽희 부대의 병사들은 저마다 갑옷을 챙겨 입고서 단수실을 죽이러 가겠다고 소란을 피웠다. 그때 단수실이 칼도 차지 않은 채 늙고 병든 병사들을 이끌고 곽희의 부대로 찾아왔다. 병사들은 살기가 가득 찬 눈으로 단수실을 가로막았지만 그의 호연한 기에 눌려 감히 덤비진 못하고 곽희에게 단수실이 찾아왔다 보고했다. 곽희는 어서 그를 들이라고 명했다.

단수실은 곽희에게 인사한 다음 말했다. "곽씨 가문의 공로는 참으로 커서 모든 사람들이 공경합니다. 하지만 지금 당신의 군대가 법도 모르고 날뛰고 있으니 이런 상황에서 나라가 어찌 어지러워지지 않을 수 있겠습니까! 만약 나라에 다시 혼란이 찾아온다면 그동안 당신들이 쌓아온 모든 공은 허망하게 무너질 것입니다." 곽희는 단수실의 말을 듣고 순간 깨달은 바가 있어 곧바로 병사들에게 말했다. "속히 가서 모든 병사는 갑옷을 벗고 돌아가 쉬도록 하고 앞으로 소란을 피우는 병사는 모두 처형해버리겠다고 명령을 전해라."

2장. 책만 믿는다면 책이 없는 것만 못하다

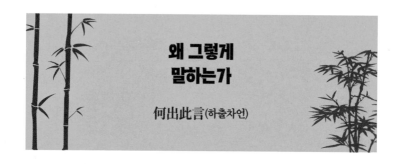

왜 그렇게 말하는가

何出此言(하출차언)

악정자는 자오子敖를 따라서 제나라로 가 맹자를 만났다. 맹자는 악정자에게 "자네도 나를 보러 왔는가?"라고 물었고 악정자는 "선생님께서는 왜 그런 말씀을 하십니까?"라고 말했다.

맹자는 위엄 있고 고귀한 품격을 풍겨 사람들이 다가가기 어려워했다. 이 점은 특히 제자들과의 관계에서 더욱 두드러진다. 맹자는 제자들 앞에서 늘 엄격한 스승이었기 때문이다.

어느 날 맹자의 제자 악정자가 맹자를 보러 제나라에 왔는데 머물 곳을 찾지 못해 도착한 날에 바로 맹자를 찾아가지 못했다. 이튿날, 악정자가 찾아오자 그를 본 맹자는 불쾌한 얼굴로 말했다. "자네도 나를 보러 왔는가?" 악정자는 맹자의 말투가 심상치 않다고 느꼈지만 이유를 알 수 없어 "스승님께서는 어찌 그런 말씀을 하십니까?"라고 되물었다. 그러자 맹자는 "자네, 제나라에 도착한 지 며칠이나 됐는가?"라고 돌려 물었다. 그래서 악정자는 솔직하게 대답했다. "어제 도착했습니다." 그 말을 듣고 난 맹자는 더욱 불쾌해하며 "그렇다면 내가 방금 물어본 말이 어찌 궁금하다는 것이냐?"라고 말했다.

악정자는 그제야 비로소 맹자가 자신에게 화가 난 이유를 알았다. 제나라에 도착하자마자 제일 먼저 스승을 찾아뵙지 않았기 때문이었다. 악정자는 허둥지둥 변명했다. "어제 스승님을 바로 찾아뵙지 않았던 것은 미처 머물 곳을 찾지 못했기 때문입니다." 그러나 맹자는 악정자의 변명에도 전혀 꿈쩍하지도 않고 쏘아붙였다. "자네는 머물 곳을 찾은 후에 어른을 찾아뵙는 것이라고 배웠는가?" 그러자 악정자는 급히 자신의 잘못을 인정하고 맹자에게 용서를 구했다.

───────── **지혜가 꼬리를 무는 역사 이야기** ─────────

진晉 무제武帝가 세상을 떠난 후 태자 사마충司馬衷이 왕위를 물려받아 진晉 혜제惠帝로 불렸다. 그런데 그가 왕위에 오르고 나서는 아내 가후賈後가 모든 국정을 맡아 실질적인 정치를 했다. 진 혜제는 일은 전부 아내에게 맡겨놓고 여기저기 놀러 다녔다.

하루는 심심해진 진 혜제가 내시들을 데리고 어화원御花園으로 경치 구경을 나갔다. 막 연못에 도착했을 때 어디선가 개구리 울음소

2장. 책만 믿는다면 책이 없는 것만 못하다

리가 들렸다. 진 혜제는 내시들을 향해 물었다. "방금 조그만 것이 우는 것을 보았는가?" 그러자 내시들은 "들었습니다. 그것은 개구리 울음소리입니다."라고 대답했다. "그렇다면 저 개구리는 나라를 위해 우는가? 개인을 위해 우는가?" 내시들은 왕의 뜻을 이해할 수 없어 아무도 대답하지 못했다. 잠시 침묵이 흐른 후 한 내시가 대답했다. "폐하, 만약 개구리가 궁 안에서 울면 나라를 위해 우는 것이고 개인의 집에서 울면 개인을 위해 우는 것이라고 할 수 있습니다." 그러자 진 혜제는 아리송한 얼굴로 고개를 끄덕였다.

일 년 뒤 전국에 심한 가뭄이 들어 수확할 식량이 없자 백성들이 하나둘 굶어죽었다. 신하들이 왕에게 이러한 사실을 알렸다. "올해 가뭄으로 전국에 먹을 양식이 없어 죽어가는 백성이 늘고 있습니다." 진 혜제는 이해할 수 없다는 듯이 물었다. "대신들은 어찌하여 나에게 그렇게 말하는 것이오? 식량이 없다면 고기를 넣고 죽을 끓여 먹으면 되지 않소? 그러면 굶어 죽는 일도 없을 것이오."

왕의 어리석은 대답을 듣고 신하들은 모두 어이없어 했다. 나라에 이렇게 바보 같은 질문만 하는 왕이 있으니 야심으로 가득 찬 사람들이 주변에 몰려들어 호심탐탐 나쁜 짓을 하려고 기회를 노리는 건 당연한 일이었다.

바람 앞의
등불 같다

岌岌可危(급급가위)

공자께서 말씀하시기를 "지금은 천하가 몹시 위태로운 시기이다!"라고
했다.

———————

어느 날 맹자의 제자 함구몽咸丘蒙이 물었다. "옛말에 '덕이 높은
사람은 비록 왕이라도 그를 신하로 삼을 수 없고 아비도 그를 아들로
삼을 수 없다.'라고 했습니다. 순이 임금이 되자 요는 제후들을 이끌고
와 그를 뵈었고 그의 아버지 고수瞽瞍도 그를 찾아뵈었습니다. 순임금
은 고수를 보고 얼굴에 불안한 기색을 나타냈고 공자께서도 '지금은
천하가 몹시 위태롭다!'고 했다는데 정말 그랬습니까?" 맹자는 "아니
다. 그것은 군자의 말이 아니고 제나라 동쪽에 사는 일반 백성들이 말
한 것이니라. 요임금이 늙자 순임금이 그 자리를 이었지. 『요전堯典』에

2장. 책만 믿는다면 책이 없는 것만 못하다

'순이 28년에 왕위를 이은 후 요임금이 돌아가셨다. 백성들은 모두 자신의 부모를 잃은 것처럼 슬퍼했고 삼년상을 치르는 동안 천하에 음악 소리가 끊겼다'라고 기록되어 있고 공자는 '하늘에 두 개의 태양이 없고 천하에는 두 임금이 없다'고 말했네. 순임금이 이미 천자가 되었는데 제후들을 이끌고 요임금의 삼년상을 치른다면 그것은 동시에 두 왕이 있는 것이지."라고 대답했다.

그러자 함구몽은 "순임금이 요임금을 신하로 대우하지 않았다는 것은 알고 있습니다. 하지만 『시경詩經』에는 '하늘 아래 왕의 땅이 아닌 것이 없고 세상에 왕의 백성이 아닌 사람이 없다'고 나옵니다. 순임금이 이미 천자가 되었는데 아버지 고수가 그의 신하가 아니라는 것은 어찌 된 일입니까?"라고 물었다. 맹자는 대답하기를 "시경에서 말하는 것은 그런 의미가 아니라 나라 일이 너무 바빠 부모를 모실 수 없다는 것을 말하는 것일세. 다시 말해 시경의 의미는 '이것은 나라의 일이 아닌데 나 혼자 바쁘다'라네. 그러므로 시를 해석하는 사람은 글자에 집착해 말의 뜻을 해쳐서는 안 되고 말을 만드는 데만 신경 쓰느라 전체 시의 뜻을 해쳐서는 안 된다네. 자기의 깨달음으로 작가의 의도를 알아낸다면 그제야 비로소 시를 안다고 할 수 있지. 만약 말의 해석에만 얽매인다면 『운한雲漢』에서 '주나라에 살아남은 백성이 하나도 없다'라고 한 것을 글자 그대로 '주나라에는 사람이 한 명도 없다'로 이해하게 되지 않겠는가! 효에서 가장 큰 효는 부모를 존경하는 것이고 부모를 존경하는 것에서 가장 큰 것은 천하가 되어 부모를 모시는 것이네. 천자가 된 사람의 아버지는 가장 존경받는 자리에 오르게 되니 가장 잘 모시는 것이라 할 수 있지. 『시경』에 '영원히 효를 행해야 하니 효도는 곧 법이다'라고 한 것은 바로 이를 뜻한다네. 또 『상서尙書』에서 '순임금이 공경하는 마음으로 아버지 고수를 찾아뵙고 또 고수를 만날 때는 조심스럽게 행동하니 고수도 순의 마음을 따랐다'라고 나오네. 이것으로 미루어볼 때 과연 아버지가 천자를 아들로 삼을 수 없는 것인가?"라고 했다.

─── 지혜가 꼬리를 무는 역사 이야기 ───

춘추시대 향락에 젖어 살던 진晉 영공靈公은 9층 높이의 탑을 쌓는다며 백성을 동원하고 재물을 빼앗았다. 그러면서 신하들의 반대를 피하려 "누구든 나에게 충고하는 자가 있으면 바로 처형할 것이다."라고 으름장을 놓았다.

진 영공이 이렇게 자신의 즐거움을 위해 백성의 재물을 약탈하고 부려먹는다는 이야기를 듣고 순식荀息이 왕을 찾아갔다. 진 영공은 충고를 듣기 싫어 무장한 병사들을 불러와서는 순식이 충고하는 순간 그에게 활을 쏘라고 명령했다. 순식도 상황이 심각하다는 것을 잘 알고 있었지만 오히려 태연한 척하며 아뢰었다. "왕이여, 제가 재미난 놀이를 하나 배웠는데 그것을 폐하께도 보여드리고 싶어 일부러 이렇게 찾아왔습니다."

진 영공은 그 이야기에 즉각 병사들의 무장을 해제시켰다. 순식은 진지한 표정으로 바둑돌 아홉 개를 쌓아올리기 시작했다. 그러고는 그 위에 달걀을 하나씩 쌓아올렸다. 주위에서 그 모습을 지켜보던 사람들은 놀라 숨을 멈추고 순식을 지켜보았고 진 영공도 깜짝 놀라 황급히 그를 저지하며 말했다. "위험하네, 무너지겠어!" 순식이 침착한 목소리로 말했다. "이것이 무엇이 위험하다는 것입니까? 이것보다 더 위험한 일도 있는 걸요." 그러자 진 영공은 "그게 뭔지 어서 나에게 말해보게나."라며 다그쳤다. 순식은 몸을 일으킨 후 침통한 표정으로 말했다. "폐하께서 높은 탑을 쌓는 공사를 시작한 후 국고가 텅텅 비었으니 곧 이웃 국가들이 침략해올 것입니다. 현재 나라의 상황이 바람 앞에 놓인 등잔불 같으니 이 계란보다 더 위험한 상황이 아닙니까?" 그 순간 잘못을 깨달은 진 영공은 탄식하며 "나의 잘못으로 나라가 이 지경이 되었구나!"라고 말하고는 즉각 명령을 내려 공사를 중단시켰다.

집대성한 사람은 조화롭다

集大成者(집대성자)

백이는 성인 가운데 가장 깨끗한 사람이고 이윤은 성인 가운데 책임 감이 가장 강한 사람이다. 그리고 유하혜는 성인 가운데 남과 조화를 가장 잘 이루는 사람이고 공자는 성인 가운데 시기를 가장 중시한 사람이다. 그래서 공자를 집대성한 사람이라고 부를 수 있다. 집대성이라는 것은 마치 음악을 시작할 때 큰 종을 울리고 옥경玉磬으로 끝내는 것과 같다.

춘추전국시대, 공자는 서주西周에서부터 상고上古(하夏·상商·주周·진秦·한漢 시대를 말함) 문화를 계승한 자요, 집대성한 자이다. 공자는 천하를 태평하게 하는 것을 자신의 사명으로 삼았고 당시 시대의 흐름을 주시하면서 사회의 전체적인 질서, 개인과 사회의 조화로운 발전, 백

성이 즐겁게 생활하고 일할 수 있는 환경에 대해 깊이 고민했다. 또한 제사와 음악, 온화와 덕으로 교화하는 것과 백성을 최우선으로 생각할 것을 주장했으며 개방적인 사고방식으로 공자만의 독특한 사상 체계를 만들었다.

맹자는 이를 가리켜 말하기를 "백이는 성인 가운데 가장 깨끗한 사람이고 이윤은 성인 가운데 책임감이 가장 강한 사람이다. 그리고 유하혜는 성인 가운데 남과 조화를 가장 잘 이루는 사람이고 공자는 성인 가운데 시기를 가장 중시한 사람이다. 그래서 공자를 집대성한 사람이라고 부를 수 있다. 집대성이라는 것은 마치 음악을 연주할 때 큰 종을 울리는 것으로 시작해 옥경玉磬으로 끝내는 것과 같다. 큰 종의 소리는 선율이 시작되는 것이고 옥경이 울리는 소리는 선율이 끝나는 것이다. 선율의 시작은 지혜로 하는 것이고 선율의 끝은 성덕聖德으로 하는 것이다. 지혜는 기교로 비유되고 성덕은 힘으로 비유할 수 있다. 백 걸음 떨어진 곳에서 활을 쏠 때 화살이 표적까지 도달하게 하는 것은 힘이지만 과녁을 맞히는 것은 힘이 아닌 지혜다."라고 했다.

공자의 철학적 사상은 이미 중국인의 생활과 문화에 깊숙하게 뿌리 내리고 있고 이천 년이 넘는 세월 동안 중국인의 정신적 바탕이 되었다. 또한 세계에 흩어져 있는 많은 사람에게도 그 영향을 미치므로 맹자가 공사를 가리켜 '집대성한 자'라고 부르는 것이다.

주희朱熹는 자가 원회元晦이고 후에 중회仲晦로 바꾸었다. 그리고 호는 회암晦庵이다. 본적은 강서 무원婺源이고 복건福建성 남평용계南平龍溪(우리나라 자료에는 우계尤溪라고 되어 있음)에서 태어났다. 그는 남송시대의 유명한 철학자이자 교육자였다.

주희는 비각수찬秘閣修撰 벼슬을 지낸 적이 있으며 학문에 많은 관심을 기울여 경학經學·사학·문학·악률樂律·자연과학 등 다양한 분야에 공헌했다. 그리고 북송 정호程顥의 이학理學을 계승하고 객관유심주의客觀唯心主義 체제를 완성했다.

그래서 주희는 송대의 이학을 집대성한 자라고 할 수 있다. 그의 저서로는 『사서장구집주四書章句集注』와 『시집전詩集傳』 등이 있다. 그는 백록동서원白鹿洞書院에서 학생들을 가르쳤고 아호서원鵝湖書院을 만드는 등 오십여 년을 한결같이 교육에 몸담았다.

한편 만년에는 그의 학설이 위학僞學(거짓 학문)이라고 비판받기도 했다. 경원慶元 4년(1198년), 송宋 영종寧宗은 위학을 하는 자들은 하루빨리 학문을 버리라고 명하고 거짓 학문을 일삼는 사람들의 이름을 올린 『위학역당적僞學逆黨籍』을 펴냈다. 그 명단에는 재상에서 선비까지 모두 오십구 명의 이름이 올라가 있었는데 주희의 이름도 있었다. 이로 말미암아 주희는 다시는 제자들, 오랜 친구들과 교제할 수 없었다. 그는 그렇게 외로이 홀로 싸우는 상황에서도 굽히지 않고 계속 학생을 가르치다가 1200년에 세상을 떠났다.

　그 후 1209년이 되어서야 주희는 명예를 되찾았다. 보경寶慶 3 년(1227년), 송 이종理宗은 주희를 태사太師로 추대하고 신국공信國公으로 봉했으며 학자들에게 주희의 저서를 읽도록 널리 명했다. 이때부터 주희를 대표 인물로 하는 이학은 중국의 중심 사상 중 하나가 되었다.

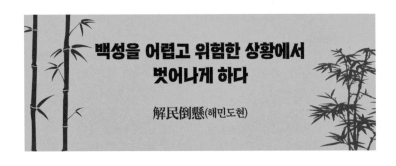

백성을 어렵고 위험한 상황에서 벗어나게 하다

解民倒懸(해민도현)

공자는 "덕이 퍼져나가는 것은 말을 타고 명령을 전달하는 것보다 빠르다."라고 말했다. 오늘날 전차 만 승을 가진 대국이 어진 정치를 한다면 백성은 거꾸로 매달려 있다가 풀려난 것처럼 기뻐할 것이다. 그리고 하는 일은 옛사람의 반만 하고서도 그 효율은 배가 될 것이다. 이것은 오직 지금만 할 수 있는 일이다.

———————————

어느 날 공손추와 맹자가 관중管仲과 안자晏子에 대해 이야기를 나누었다. 공손추는 "관중은 그의 왕이 패권을 장악하도록 했고 안자는 왕이 명성을 떨치도록 했으니 마땅히 이들을 본받아야 하는 것 아닙니까?"라고 물었다. 그러자 맹자는 "제나라와 같은 대국이 천하를 다스리는 것은 손바닥 뒤집는 것만큼이나 쉬운 일이다."라고 대답했

2장. 책만 믿는다면 책이 없는 것만 못하다

다. 공손추가 다시 물었다. "그렇다면 저는 더욱 이해가 가지 않습니다. 문왕은 덕을 베풀며 백 년을 살았지만 인정이 온 천하에 미치지 못했고 무왕과 주공周公이 그 뒤를 이은 다음에야 천하에 인정이 베풀어졌습니다. 선생님께서 천하를 다스리는 것이 쉽다고 하셨는데 그렇다면 문왕은 본받을 만한 분이 아닙니까?" 맹자가 대답했다. "어찌 문왕과 비교할 수 있겠느냐?"

맹자는 상 탕왕에서 은殷 고종高宗 무정武丁에 이르는 역사를 나열하며 옛날과 지금을 비교했을 때 지금 제나라가 천하를 다스리는 것은 예전보다 훨씬 쉬운 일이라고 설명했다. 그리고 마지막으로 공자의 말을 인용했다. '덕이 퍼져나가는 것은 말을 타고 명령을 전달하는 것보다 빠르다. 오늘날 전차 만 승을 가진 대국이 어진 정치를 한다면 백성은 거꾸로 매달려 있다가 풀려난 것처럼 기뻐할 것이다. 그리고 하는 일은 옛사람의 반만 하고서도 그 효율은 배가 될 것이다. 이것은 오직 지금만 할 수 있는 일이다.'

─────── **지혜가 꼬리를 무는 역사 이야기** ───────

617년 수隋 양제煬帝는 당 국공唐國公 이연李淵에게 태원太原을 지키도록 했다. 이연은 아들을 넷 두었는데 그 가운데 열여덟 살 된 둘째 아들 이세민李世民이 가장 배짱 좋고 식견이 있었다. 손님맞이를 좋아하는 이세민은 평소 재능 있는 사람들과 잘 어울렸고 많은 사람들을 친구로 얻었다. 나라가 곧 망할 것이라 예감한 그는 군대를 일으켜야 겠다고 마음먹었다.

이세민의 그런 마음을 잘 알고 있던 친구 유문정劉文靜은 "지금 왕이 멀리 강도江都에 계시니 곳곳에서 반란이 일어나고 있네. 그 중에 이밀李密이 동도東都까지 접근해 천하가 큰 혼란에 빠지고 백성들이 하루하루 불안에 떨고 있어. 내가 십만 군사를 모아줄 수 있네. 자네 부친에게도 몇 만 군사가 있지 않나? 이 군사들을 모아 장안長安을 공격하면 반년도 채 지나지 않아 천하를 얻을 수 있을 걸세."라고 말했다. 그러나 이세민의 아버지 이연은 일을 크게 벌이는 것을 꺼리는 사람으로 그저 태원에서 평생을 안온하게 보내기만을 바라는 사람이었다. 그래서 이세민은 한 가지 묘수를 쓰기로 했다.

얼마 뒤 이연은 새로 들어온 아름다운 계집종이 마음에 쏙 들어 매우 총애했다. 그녀는 바로 이세민이 사 들여보낸 사람이었다. 어느 정도 시간이 흐른 후에 이연의 신임을 얻은 계집종은 기회를 살피다가 이연에게 사실대로 말했다. "지금 천하가 어지러워 둘째 아드님이 백성들을 어려움 속에서 구하고자 병사를 모으고 있습니다. 혹 이 일이 실패한다면 온 가족이 몰살당할 것이니 대인의 의견을 듣고 싶사옵니다."

상황이 이렇게 되자 이연은 일에 동참하고 나서서 대장군 자리에 앉았다. 그리고 두 아들 이건성李建城과 이세민에게 좌우 군을 맡기고 유문정을 사마司馬로 삼았다. 그리고 자신의 휘하에 모인 병사들을

'의로운 군사'라 불렀다. 이렇게 해서 이연은 드디어 삼만 군사를 이끌고 진양晉陽을 떠나 장안으로 향했다.

책만 믿는다면
책이 없는 것만 못하다

盡信書不如無書(진신서불여무서)

맹자는 "책만 믿는 것은 책이 없는 것만 못하다. 나는 『무성武成』의 내용 중에서 단 두세 장만 믿는다. 선한 사람은 천하에 적이 없다. 주 무왕처럼 지극히 선한 사람이 상 주왕紂王과 같은 지극히 선하지 않은 사람을 쳤는데 어찌 나뭇가지가 뜰 만큼 피를 흘리게 했겠는가?"라고 말했다.

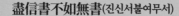

은상殷商(은나라와 상나라를 합쳐 이르는 말) 말년, 왕위를 이은 지 사년째 되는 해에 주 무왕은 상 주왕이 동쪽 오랑캐를 치러 나가서 수도 조가朝歌가 비었다는 소식을 듣고 상나라를 치러 출병했다. 주 무왕은 은나라 군대 말고도 연합한 여덟 개 민족의 군대를 이끌고 목야牧野까지 치고 나갔다. 갑작스럽게 침략 소식을 접한 상 주왕은 남아 있는 병사와 전쟁 포로들을 급하게 모아 목야로 갔다. 이렇게 대치한 상나라와 은나라는 비록 군대 규모에서 엄청난 차이가 났지만 매우 치열한 격투를 벌였다.

이 내용이 거론된 『상서尚書 - 무성편』에는 그 당시 매우 격렬한 전쟁이 벌어져 목야지역에 핏물이 강을 이루었다고 표현되어 있다. 심지어 그 전쟁으로 쏟아진 피가 흐르는 위에 나뭇가지가 둥둥 뜰 정도였다고 하니 피해가 얼마나 컸는지 충분히 짐작할 수 있겠다. 하지만 맹자는 이 기록을 믿지 않았다.

그래서 그는 '방망이가 뜰 정도'라는 표현은 극히 과장된 것이며 전혀 사실과 맞지 않다고 주장했다. 또한 맹자는 이를 두고 "책만 믿는 것은 책이 없는 것만 못하다. 나는 『무성』의 내용 중에서 단 두세 장만 믿는다. 상 주왕을 친 주 무왕은 선한 사람이었고 오히려 은나라의 백성은 주왕을 미워하고 무왕을 옹호했다. 또한 주왕이 이끌던 군대는 내부에서 반란이 끊이지 않아 무왕이 쉽게 조가까지 칠 수 있었다. 그런데 어찌 그토록 참혹한 전쟁이 일어날 수 있겠는가?"라고 말했다.

───────── **지혜가 꼬리를 무는 역사 이야기** ─────────

명나라 시대의 유명한 약학자 이시진李時珍은 자는 동벽東壁이고 호는 빈호산인瀕湖山人이다. 그는 기주州(지금의 허베이湖北 기춘蘄春)의 의사 집안에서 태어났다. 그의 부친 이언문李言聞은 당시 명의로 이름을 떨치고 있었다. 그래서 이시진은 어릴 때부터 부친을 따라 환자를 찾아가 병을 고치고 산을 돌아다니며 약초를 캤고 차츰 의학에 깊이 관심을 두기 시작했다.

한편 그는 스물두 살이 되던 해에 향시鄕試(과거科擧의 제1차 시험)에 응했으나 낙방하자 벼슬자리에 올라 이름을 떨치려던 마음을 버리고, 대를 이어 의학에 전념하기로 했다. 이렇게 해서 본격적으로 의학에 뛰어든 이시진은 당시의 약물학 자료에서 부족한 점을 발견했다. 일단 분류가 조잡했고 내용의 오류도 많았으며 다양한 약물들이 기록되지 않아 새로 정리하고 보충할 필요가 있었다. 그래서 그는 송대 당신미唐愼微가 편찬한 『증류본초證類本草』를 기초로 하여 새로운 약물학 저서를 쓰기로 결심했다. 곧바로 계획에 돌입해 방대한 양의 옛 의학 서적들을 찾아 읽고 집에 있는 책도 다 읽은 그는 또 마을 유지들을 찾아가 책을 빌려 읽었다. 그 이후로도 이시진은 무창武昌의 초왕부楚王府와 북경의 태의원太醫院에 들어가 계속해서 책에 빠져 살았다.

하지만 이시진은 "책의 내용만 믿는 것은 책이 없는 것만 못하다."라는 이치를 잘 알고 있었다. 그래서 일부러 시간을 내어 하남河南·강서江西·강소江蘇·안휘安徽 등 곳곳을 두루 찾아다녔다. 이시진은 가는 곳마다 약초를 재배하는 농부들과 마을 사람들에게 가르침을 구하며 잘 알려지지 않은 다양한 약초와 민간요법을 찾아다녔다. 겸손하고 솔직한 그의 모습에 탄복한 많은 사람들이 그에게 큰 도움을 주었다. 심지어 어떤 이들은 자기 집안에만 대대로 전해 내려오는 비법을 알려주기도 했다. 이런 노력 덕분에 이시진은 책에는 나오지 않는 다양한 지식을 습득했고 수많은 약초와 민간요법을 모아 정리할 수 있었다.

무려 삼십 년이란 노력을 통해 마침내 이시진은 세계 과학사에 그 규모를 찾아볼 수 없는 약학서 『본초강목本草綱目』을 편찬했다.

처음
시작하는
맹자

천하와
즐거움과
근심을
함께한다

단호히
거절하다

拒人於千里之外(거인어천리지외)

스스로 으스대는 목소리와 표정을 지닌 사람은 천 리 밖에서 다른 이를 거절한다. 선비가 천 리 밖에 떨어져 있으면 남을 헐뜯고 아첨하는 자들이 몰려든다.

───────

노나라 왕은 맹자의 제자 악정자에게 정치를 맡기려 했다. 이 소식을 들은 맹자는 무척 기뻐하며 잠도 제대로 자지 못했다. 그런 맹자를 보고 공손추가 물었다. "스승님께서 기뻐하시는 이유는 악정자가 능력이 있어서입니까?" 맹자가 대답했다. "아니다." "그러면 그는 일을 깊게 생각하는 사람입니까?" "아니다." "그렇다면 스승님께서는 능력도 없는 악정자가 정치를 맡았다는데 어찌 잠도 못 잘 만큼 기뻐하십니까?" 맹자가 대답했다. "그는 남의 좋은 의견을 잘 들어주고 명확한 의견을 제때 잘 받아들인단다." 공손추는 다시 "좋은 의견을 잘 듣기만 하면 정치를 하기에 충분합니까?"라고 물었다.

맹자는 스승의 말에 동의할 수 없다는 표정을 짓는 공손추를 보고 이번 참에 확실하게 가르침을 주어야겠다는 생각이 들었다. 그래서 맹자는 이렇게 말했다. "너는 나라를 다스리는 데 가장 중요한 것이 무엇인지 아느냐? 그것은 바로 좋은 의견을 잘 들어주는 것이다. 여러 의견을 들어야 나라를 다스릴 때 여유를 가지고 거뜬히 일을 해낼 수 있는 것이니라. 만약 자신과 다른 의견을 받아들이지 않으면 그는 곧 교만해져 선한 의견을 단호히 거절하게 된다. 그렇게 해서 선한 사람을 천 리 밖에 떨어져 있게 하면 반드시 나쁜 의도를 품은 사람들이 몰려들지. 주위에 온통 아첨하는 자와 참소하는 자들뿐인데 나라를 제대로 다스릴 수 있겠느냐?" 맹자의 이야기를 들은 공손추는 부끄러움에 고개를 숙인 채 아무 말도 하지 못했다.

────────── **지혜가 꼬리를 무는 역사 이야기** ──────────

무술변법戊戌變法(청나라 말기 강유위康有為·양계초梁啓超 등이 중심이 되어 진행한 개혁 운동. 흔히 변법자강운동이라 불림)의 대표 인물인 양계초는 진사進士 출신이다.

어느 해 봄 양계초는 광주廣州로 가서 양광총독兩廣總督 장지동張之洞을 방문했다. 당시 장지동은 신식 서원을 건설하고 양무洋務(19세기 후반 중국 청나라에서 일어난 근대화 운동. 서양 문물을 수용해 부국강병을 이루려 했음) 운동을 펼치던 인물이었다. 양계초는 무너져가는 청나라를 살리는 데 장지동에게 큰 기대를 걸었다. 양계초는 장지동에게 편지를 보내면서 끝에 '우둔한 아우 양계초가 머리를 조아립니다.'라고 썼다. 이를 본 장지동은 매우 불쾌해하며 양계초에게 이런 내용의 답장을 써 보냈다. '일품 관복을 걸치고 웅대한 뜻을 품은 어리석은 자가 스스로 우둔한 아우라 칭하네.' 장지동의 편지 내용은 양계초에게 실로 매우 무례하고 오만한 것이었다. 양계초 역시 만만치 않은 성격이었기에 바로 그 자리에서 답장을 써 장지동에게 보냈다. '천 리 길을 달리고 수많은 책을 읽은 협사가 뜻을 품으니 왕후장상도 두렵지 않네.' 그러나 그의 말투에는 조금도 거만하거나 비굴한 기색이 없었다. 또한 지극히 논리적이고 문체가 고상했다. 양계초의 답장을 본 장지동은 그의 비범함을 느끼고 즉각 그를 맞이했다.

　　그 후 호광湖廣 총독으로 임명된 장지동은 명성이 더욱 높아짐에 따라 오만함 역시 점점 심해졌다. 한 번은 양계초가 장지동을 만나려고 강하江夏로 갔는데 장지동이 다시 그에게 편지를 써 보냈다. '중국의 4대 큰 강(동의 양자강揚子江·서의 황허黃河·남의 회수淮水·북의 제수濟水) 중에 양자강이 가장 크고, 춘하추동 사계절 가운데 여름이 두 번째 아닙니까. 그렇다면 선생이 있는 강하는 으뜸이겠소 두 번째겠소?' 이에 꾀 많은 양계초는 잠시 생각해보고는 기막힌 답장을 보냈다. '유교·불교·도교 가운데 유교가 가장 으뜸이고, 하늘·땅·사람 가운데 사람이 가장 마지막입니다. 저는 유인儒人이온데 어찌 감히 맨 앞에 서고 맨 뒤에 설 수 있겠습니까.' 장지동은 그 편지를 몇 번이고 읽더니 무릎을 탁 치며 감탄했다. "이 자는 진정한 천하의 인재로구나!"

내용은 대체로 구체적이지만 형상과 규모는 비교적 작다

具體而微(구체이미)

예전에 제가 이런 말을 들은 적이 있습니다. '자하·자유·자강은 성인의 특징을 일부만 갖췄고 염우·민자·안연은 성인의 특징을 모두 갖추었으나 아직 미약하다.'

───────────

어느 날 공손추가 맹자에게 물었다. "재아宰我와 자공子貢은 말에 능하고 염우·민자·안연은 덕행에 뛰어났습니다. 공자님은 이 두 가지를 모두 갖추셨지만 '나는 말을 잘하지 못한다'고 하셨습니다. 그리고 스승님께서는 다른 사람의 말을 잘 분석한다고 말씀하셨습니다. 그렇다면 스승님은 이미 성인이 되신 것 아닙니까?"

맹자는 "아니다! 그게 무슨 말인가! 옛날에 자공이 공자에게 '스승님은 성인이시지요?'라고 물었더니 공자께서는 '나는 성인이 될 수 없다. 단지 여전히 배움에 목마르고 가르치는 것이 지겹지 않을 뿐이다'라고 대답하셨다. 그때 자공은 '배움에 목마르다면 지식이 쌓이고 있다는 징조이고 가르치는 것이 지겹지 않으면 덕을 행하고 있는 것입니다. 이미 덕과 지혜를 모두 갖추었으니 스승님은 성인이십니다'라고 말했다. 공자께서도 스스로 감히 성인이라 말하지 않으셨는데 내가 성인이라니 도대체 이 무슨 말인가?"라고 말했다.

그러자 공손추는 다시 물었다. "예전에 제가 이런 말을 들은 적이 있습니다. '자하·자유·자강은 성인의 특징을 일부만 갖추었고 염우·민자·안연은 성인의 특징을 모두 갖추었으나 아직 미약하다' 그렇다면 스승님은 어디에 속하십니까?" 맹자는 이미 앞서 대답을 했다고 생각해 "이 문제는 그만 이야기하자."라고 말하며 끝맺었다.

―――――――― **지혜가 꼬리를 무는 역사 이야기** ――――――――

한漢 무제文帝가 왕위에 오른 후 진평陳平은 "역대 왕들을 모실 때는 제가 주발周勃보다 공이 크지만 이번에 여呂씨 가문을 토벌하는 데는 주발의 공이 더 크므로 주발에게 가장 높은 벼슬을 주는 것이 어떻겠습니까?"라고 말했다. 그리하여 한 무제는 가장 높은 벼슬인 좌승상에 주발을 그 다음인 우승상에 진평을 임명했다.

얼마 뒤 차츰 국정에 적응한 왕이 주발에게 해마다 죄인을 몇 명이나 처벌하는지 물었다. 주발은 "신은 잘 모르겠습니다."라고 말했다. 그러자 왕은 다시 물었다. "그렇다면 한 해 세금은 규모가 얼마나 되는가?" 다시 모르겠다고 말하는 주발의 등에는 식은땀이 흘렀다.

주발이 대답을 해내지 못하자 왕은 이번에는 진평에게 같은 질문을 했다. 진평은 주발과 달리 아주 태연하게 대답했다. "각 부서에 그것을 담당하는 사람들이 있습니다. 폐하께서 형벌에 대해 궁금하신 것이 있으시거나 세금에 궁금한 것이 생기시면 담당하는 사람들이 폐하께 설명드릴 것입니다."

진평의 대답을 들은 한 무제는 좀 언짢아졌다. "각 부서에 담당하는 사람들이 있다면 당신은 무엇을 담당하고 있소?" 진평은 여전히 당황하지 않고 침착하게 대답했다. "저는 대신들을 관리합니다. 승상이란 벼슬은 작은 일을 담당하지 않고 폐하의 국정을 돕는 대신들을 담당합니다. 그리고 대신들은 각자 부서를 맡고 있지요."

간단명료한 진평의 대답에 한 무제는 매우 흡족해하며 나갔다. 왕이 나가자 주발은 씩씩거리며 진평에게 따졌다. "자네는 나에게 왜 그런 이야기를 하지 않았는가?"

진평은 오히려 웃으며 "좌승상께서는 그 자리에 앉아 계시면서 어찌 자신이 무엇을 해야 하는지도 모르실 수 있으십니까? 만약 폐하께서 장안에 도둑이 몇 명이나 있느냐고 물으시면 그것조차 대답하시겠습니까?"라고 말했다. 이에 영원히 진평을 따라잡을 수 없다는 것을 느낀 주발이 좌승상 자리에서 물러나 진평만이 유일한 승상이 되었다.

임금이 신하를 흙이나 풀 같이 보면 신하는 임금을 원수 같이 본다

君視臣如土芥 臣視君如寇仇(군시신여토개 신시군여구구)

맹자가 제 선왕에게 말했다. "임금이 신하 보기를 손발같이 하면 신하도 왕을 자기 몸의 일부로 여기고, 임금이 신하 보기를 개나 말같이 하면 신하 역시 임금을 모르는 사람처럼 대하며, 임금이 신하 보기를 흙이나 풀같이 하면 신하는 임금을 원수같이 보게 됩니다."

맹자는 임금과 신하의 관계를 말할 때 '차등정의次等正義'를 주장했다. 다시 말하면 높은 자리에 있는 사람은 자비와 선량함·정의·인애·인정을 원칙으로 삼아야 하며 만약 이 원칙들을 어기면 그것은 의롭지 못하게 되므로 밑에 있는 사람이 무조건 그에 복종하지 않아도 될 뿐만 아니라 오히려 대항해야 한다는 뜻이다.

어느 날 맹자는 제 선왕에게 말했다. "임금이 신하 보기를 손발

3장. 천하와 즐거움과 근심을 함께한다

같이 하면 신하도 왕을 자기 몸의 일부로 여기고, 임금이 신하 보기를 개나 말같이 하면 신하 역시 임금을 모르는 사람처럼 대하며, 임금이 신하 보기를 흙이나 풀같이 하면 신하는 임금을 원수같이 보게 됩니다." 그러자 왕은 "예절에 관한 규정에 '관직에서 물러난 신하들은 전에 섬기던 임금을 위해 상복을 입는다'고 했소. 왕이 어떻게 해야 신하들이 왕을 위해 상복을 입겠소?"라고 물었다.

맹자는 이렇게 대답했다. "관직에 있는 신하가 왕에게 충언을 하면 왕이 이를 들어야 하고 의견을 내었을 때도 왕이 이것을 받아들인다면 왕의 혜택이 온 백성에게 미치게 됩니다. 신하가 사정이 생겨 관직에서 물러나고 다른 나라로 간다면 왕은 사람을 보내 그를 국경까지 인도하고 그가 다른 나라에 도착하기 전에 미리 사람을 보내 그가 머물 곳을 마련해둡니다. 삼 년이 지나도 돌아오지 않으면 그제야 그에게 하사했던 땅과 집을 회수합니다. 이것을 세 가지 예라고 합니다. 왕이 이렇게 한다면 신하들은 왕을 위해 상복을 입으려고 할 것입니다. 그러나 지금은 신하가 충언을 해도 듣지 않고 의견을 내도 실행하지 않으니 혜택이 백성들에게 돌아가지 않고 사정이 있어 떠나려고 하면 왕이 그를 붙잡으며 그가 가는 곳에서 어려움을 당하도록 만듭니다. 또한 그에게 주었던 집과 땅을 그가 떠나가는 날에 당장 회수해버립니다. 이것을 원수라고 부릅니다. 이미 원수가 되었는데 어찌 상복을 입겠습니까?"

기원전 598년 제齊 경공頃公이 즉위하자 대신 고무구高無咎와 신하들은 함께 패를 짓고 최저崔杼를 위나라로 쫓아냈다. 제 경공이 세상을 떠난 뒤 왕위에 오른 영공靈公은 나라 밖에서 떠도는 최저를 다시 불러들여 대부로 임명했다. 최저는 곧 궁의 핵심 세력이 되었다. 하지만 다시 제 장공莊公이 즉위한 후 최저의 아내가 다른 나라와 밀통했다는 이유로 최저 일가는 몰살당했다.

이후 제 장공이 살해당했다는 소식이 전해지자 신하들은 자신들에게도 화가 미칠까 두려워 너도나도 도망가 버렸다. 하지만 안자晏子는 도망가지 않고 오히려 최저의 집에 갔다. 최저의 종이 안자에게 물었다. "왕을 위해 목숨을 버리실 것입니까?" "나 혼자만의 왕도 아니었는데 내가 왜 왕을 위해 목숨을 버리느냐?" "그렇다면 도망가실 것입니까?" "내가 왕을 죽인 것도 아닌데 이유 없이 왜 도망을 가느냐?" "그렇다면 집으로 돌아가 소식을 기다릴 것입니까?" "왕이 이미 죽었는데 내가 기다릴 소식이 어디 있겠느냐? 백성을 다스리는 왕의 지위에 있다면 마땅히 국정에 힘쓰고 나라를 보호해야 한다. 만약 왕이 나라를 위해 죽었다면 우리도 왕을 위해 죽어야 하고 왕이 나라를 위해 도망갔다면 신하들도 왕을 따라 도망가야 한다. 하지만 지금 우리의 왕은 자신의 욕심 때문에 죽었고 나는 왕을 가까이 하며 아끼던 신하가 아니니 내가 이 일에 책임을 지고 죽을 필요는 없다. 또한 왕이 신하를 흙과 풀같이 하찮은 존재로 여겼으니 신하 역시 왕을 원수처럼 생각한 것이다. 왕을 미워하던 사람이 왕을 죽였으니 내가 어찌 왕을 위해 죽고 또 왕을 위해 도망가겠느냐?"

　말을 마친 안자는 최저의 집으로 들어가 장례를 치르고 새로운 왕을 세우는 데 사람들과 뜻을 함께 했다.

군자는
부엌을 멀리한다

君子遠庖廚(군자원포주)

맹자가 말했다. "괜찮습니다. 그것이야말로 인을 실천하는 방법입니다. 그때 폐하께서는 소가 죽으러 가는 것만 보셨지 양은 보지 못하셨기 때문입니다. 군자는 짐승이 살아 있는 것을 보고 나면 차마 그것들이 죽는 것을 보지 못합니다. 그리고 짐승이 애처롭게 우는 소리를 듣고 나면 차마 그 고기를 먹지 못합니다. 그러므로 군자는 부엌과 멀리 떨어진 곳에 머물러야 합니다."

제 선왕은 자신이 죽으러 가는 소 대신에 양을 보낸 일에 대해, 맹자가 평가한 것을 듣고 곤란스러운 표정으로 말했다. "나는 돈이 아까워 가격이 낮은 양으로 바꾸라 한 것이 아닌데 백성들은 내가 야박하다고 말하니 어쩌면 좋겠소?" 맹자는 따뜻한 목소리로 말했다. "신

3장. 천하와 즐거움과 근심을 함께한다

경 쓰실 필요 없습니다. 그것이야말로 인을 실천하는 방법입니다. 그때 폐하께서는 소가 죽으러 가는 것은 보셨지만 양이 그리 되는 것은 보지 못하셨기 때문에 그리하신 것입니다. 군자는 짐승이 살아 있는 것을 보고 나면 차마 죽는 것을 보지 못합니다. 또한 짐승이 애처롭게 우는 소리를 듣고 나면 차마 그 고기를 먹지 못합니다. 그러므로 군자는 부엌과 멀리 떨어진 곳에 머물러야 합니다."

맹자의 이야기를 들은 제 선왕은 기뻐하며 말했다. "『시경』에서 '다른 사람이 무엇을 생각하는지 나는 그것을 추측할 수 있다'라고 하더니 그 말은 바로 선생을 두고 말한 것이구려! 그때 명령을 내리고 나서 도대체 왜 그랬는지 나 자신도 알 수가 없었는데 선생의 말을 듣고 나니 마음이 시원해진 것 같소."

──────── 지혜가 꼬리를 무는 역사 이야기 ────────

청나라 전영錢泳의 『이원총화履園叢話』에 이런 이야기가 나온다.

산서 태원 남진사南晉祠 마을에 나귀고기 요리로 유명한 술집이 있었다. 이곳 요리는 맛이 아주 기가 막히게 좋아서 매일 수많은 사람이 찾아왔다. 사람들은 이 가게를 '여향관驢香館(나귀고기가 맛있는 가게)'이라고 불렀다.

이 가게의 요리 방법은 상당히 잔인했다. 우선 땅에 나무 말뚝 네 개를 박고 통통하게 살이 오른 나귀의 네 발을 말뚝에 각각 묶는다.

그런 다음 나무 작대기로 꼬리와 머리를 단단히 고정시켜 움직이지 못하게 한다. 그러고는 뜨거운 물을 부어 나귀의 몸을 씻기고 털을 깔끔하게 민다. 그리고 나서 칼로 살아 있는 나귀의 살을 도려내는 것이다. 손님이 나귀의 어느 부위를 먹고 싶다고 말하면 주인은 그 자리에서 요리한다. 손님들이 마음껏 먹고 배를 두드리며 가게를 나설 때쯤이면 나귀는 이미 숨이 끊어진 상태가 된다.

비록 어떤 사람들은 "군자는 부엌 근처에 가면 안 된다."라는 것이 유가 사상의 지나친 요구라 말하지만 이렇게 잔인한 요리 방법은 필경 사람으로서 해서는 안 될 일이다. 송대의 소동파는 잉어를 사면 생명을 다하고 죽을 때까지 기다렸다가 요리했다고 한다. 이는 인을 베푸는 방법의 하나라 하여 사람들에게 높은 평가를 받았다.

여향관은 십여 년을 장사했지만 건융乾隆 46년(1781년)에 어명으로 가게는 폐쇄되고 주인은 처벌 받았다. 어떤 이는 백성들 앞에 효시梟示(목을 베어 높은 곳에 매달아 놓아 뭇사람들에게 보임)되었고 어떤 이는 군대로 끌려가 힘든 노동을 해야 했다. 그 이후 여향관을 여는 사람은 한 명도 나타나지 않았다.

사람들의 입에 오르내리다

膾炙人口(회자인구)

구운 고기는 모든 사람이 좋아하지만 양조羊棗(야생 감의 일종으로 익은 후 색이 검게 변하고 생김새가 양의 똥처럼 생겼다 하여 양조라 부른다)는 예전에 오 직 증석만 좋아했다. 그것은 이름 부르는 것을 꺼리면서 성을 부르는 것은 꺼리지 않는 것과 같다. 성은 모든 사람이 다 함께 쓰지만 이름은 혼자만 쓰는 것이기 때문이다.

———————

증삼曾參과 그의 부친 증석曾晳은 공자의 제자이다. 생전에 양조 를 즐겨 먹던 증석이 세상을 떠나자 효성이 지극한 증삼은 부친 생각 에 차마 양조를 먹지 못했다. 이 소식을 들은 당시 사람들은 모두 증삼 을 칭송했다.

전국시대에 와서 맹자의 제자 공손추는 맹자에게 이 일에 대해 질문했다. "스승님, 구운 고기와 잘게 썬 고기, 양조 가운데 어느 것이 더 맛있습니까?" "당연히 고기는 다 맛있지. 모든 사람들이 고기를 좋아하지 않더냐!" "증삼과 그의 부친 증석도 고기를 즐겨먹지 않았습니까! 그런데 증삼은 어찌하여 양조만은 먹지 않은 건가요?"

"고기는 모든 사람들이 즐겨먹지만 양조는 자신의 부친만이 즐겨먹던 것이었다. 그래서 효성 깊은 증삼은 양조를 먹지 못한 것이야. 이것은 마치 성은 부르면서 이름 부르는 것은 꺼리는 것과 같은 이치다. 성은 모든 사람이 함께 쓰지만 이름은 혼자만 쓰기 때문이지."

맹자가 말한 이 '회자소동膾炙所同'은 훗날 '회자인구膾炙人口'라는 사자성어를 만들어냈다. 많은 사람에게 두루 읽히고 좋은 평을 받는 문장이나 시구를 "인구에 회자된다."고 한다.

─────── **지혜가 꼬리를 무는 역사 이야기** ───────

서진西晉의 작가 좌사左思는 어릴 때 공부도 못하고 악기도 제대로 다루지 못했으며 말을 좀 더듬기까지 했다. 그의 부친 좌옹左雍은 그런 아들을 똑똑하지 못하다고 여겨 자신의 친구들 앞에서 "이 아이는 나 어릴 때에 비하면 한참 모자라지요!"라고 말했다. 아버지의 말에 수치심을 느낀 좌사는 이를 악물고 공부에 전념해 이후 수려한 문장들을 많이 써냈다.

좌사는 사람들과 어울리는 것을 싫어하고 항상 조용히 혼자 있었다. 그리고 비록 문장을 쓰는 속도는 빠르지 않았지만 한 자 한 자에 엄청난 노력을 기울였다. 이후 그의 여동생 좌분左芬이 입궁하자 그는 저작랑著作郎(문서의 초안을 맡아보던 벼슬)으로 임명되어 경성京城 낙양으로 거처를 옮겼다.

어느 날 좌사는 『삼도부三都賦』(삼도는 위魏·오吳·촉蜀 세 나라의 도읍을 가리킴)를 쓰기로 계획했다. 그는 매일 글을 쓰기 위해 고심했고 정원을 걸을 때나 심지어 화장실에 갈 때까지 펜을 놓지 않았다. 그리고 좋은 글귀들을 생각해내거나 보게 되면 그때그때 기록해 두었다. 그렇게 십 년을 노력한 끝에 좌사는 마침내 『삼도부』를 편찬했다.

당시 낙양에 거주하던 또 다른 작가 육기陸機 역시 『삼도부』를 쓰려고 했다. 그는 좌사가 이미 삼도부를 쓰기 시작했다는 소식을 듣고 속으로 좌사를 비웃었다. 그가 동생 육운陸雲에게 보낸 편지에 이런 말이 나온다. "하늘 높은 줄 모르는 어리석은 자가 『삼도부』를 쓰겠다고 나서는구나. 과연 누가 그의 글을 읽겠느냐. 아마 그 책은 술병을 막는 데나 쓰일 것이다!"

하지만 좌사가 쓴 『삼도부』는 사람들의 입에 오르내리면서 빠른 속도로 전파되었고 크게 유행했다. 경성에 사는 선비들과 관리 가문의 자제들이 너도나도 좌사의 책을 베껴 가 읽었다. 그 덕분에 한동안 낙양의 종이 가격이 천정부지로 치솟기도 했다. 육기 역시 좌사의 글을 읽고 감탄을 금치 못했다. 좌사가 쓴 『삼도부』의 내용만으로도 이야기는 이미 충분해 그는 책을 쓰려고 했던 계획을 취소해야 했다.

마음으로 애쓰는 자는 남을 다스리고 힘을 쓰는 자는 남에게 다스림을 받는다

勞心者治人 勞力者治於人(노심자치인 노력자치어인)

그래서 어떤 사람은 마음을 쓰고 어떤 사람은 몸을 쓴다고 말하는 것이다. 마음을 쓰는 사람은 다른 사람을 다스릴 것이고 몸을 쓰는 사람은 다른 사람에게 다스림을 받는다. 다스림을 받는 사람은 다른 사람을 먹여 살리고 다스리는 사람은 다른 사람에게서 얻어먹는다. 이것이 바로 천하의 보편적인 도리이다.

진상陳相은 자력갱생自力更生(자신의 힘만으로 생활하는 것)을 따르는 허행許行을 알게 된 후 여태껏 공부하던 것을 모두 버리고 허행을 따라 하기 시작했다. 맹자가 이 이야기를 듣고 진상에게 물었다. "허행은 손수 농사를 짓소?" 진상이 대답했다. "네, 그렇습니다." "그렇다면 허행은 자신이 옷을 만들어 입소?" "아닙니다." "허행이 쓰는 모자는

3장. 천하와 즐거움과 근심을 함께한다

자신이 만든 것이오?" "아닙니다. 모자는 자신이 농사지은 곡식과 바꾼 것입니다." "허행이 밥을 지을 때 쓰는 솥과 농기구는 자신이 만든 것이오?" "그것도 곡식과 바꾼 것입니다."

그러자 맹자는 "허행은 왜 자신이 스스로 옷을 만들지 않고 농기구를 만들지도 않소?"라고 물었다. 진상은 "그렇게 하면 농사짓는 데 방해되기 때문입니다. 농사를 지으면서 다른 일을 하는 건 불가능합니다."라고 대답했다.

진상의 대답을 들은 맹자는 그에게 사회의 분업에 대해 가르쳤다. "관리는 관리로서 할 일이 있고 백성은 백성으로서 할 일이 있소. 그리고 모든 사람에게 필요한 물건들은 모두 그것을 만드는 사람이 따로 있소. 만약 자신이 손수 만들어 사용하게 되면 모든 사람이 분주해질 것이오. 그래서 어떤 사람은 정신 노동을 하고 어떤 사람은 육체 노동을 한다는 말이 있는 것이오. 정신 노동을 하는 사람은 다른 이들을 다스리고 육체 노동을 하는 사람은 다스림을 받는다오. 다스림을 받는 사람은 다른 이를 먹여 살리고 다스리는 통치자들은 다른 사람에게서 얻어먹으니 이것이 바로 세상의 보편적인 도리요."

맹자는 다른 이를 다스리는 통치자와 다스림을 받는 사람의 위치는 바뀔 수 없다고 여겼고 만약 바뀐다면 그것은 사회 발전 규칙에 어긋나며 역사적 경험과도 맞지 않다고 생각했다.

송나라 초기 송 태종太宗 조광의趙光義는 이방李昉 등 사람들을 시켜 백과전서를 만들라고 명했다. 이 책은 송 태평흥국太平興國 때 편찬되었고 처음에는 『태평총류太平總類』라 불렸다. 이 책은 고서 천육백여 권 가운데 중요한 내용을 모아 쉰다섯 개 분야로 정리했으며 모두 천 권에 달하는 방대한 전집이다. 송 태종은 매일 두세 권씩 『태평총류』를 보겠노라고 다짐하고서 일 년 동안 그 책을 다 읽었고 그런 후에 이 책 이름을 『태평어람太平禦覽』이라고 바꿨다.

태종이 모든 힘을 쏟아 이 책을 읽겠다고 다짐했을 때 많은 사람이 왕의 생각을 이해하지 못했다. 평범한 선비가 정신 노동을 해서 남을 다스리겠다는 신념으로 이 책을 읽는다면 이해가 되겠지만 하루에 처리해야 하는 일도 엄청난 왕이 왜 군이 그토록 방대한 책을 읽느냐는 것이었다. 그래서 사람들은 태종에게 정신적인 피로를 줄여야 하니 책을 매일 읽지 말고 또 조금만 읽으라고 간청했다. 하지만 태종은 "나는 책 읽는 것이 좋고 책 속에서 즐거움을 크게 얻소. 책을 많이 읽으면 얻는 것이 많고 정신적으로도 전혀 피로하지 않소."라고 말하며 쉬지 않고 날마다 세 권씩 이 책을 읽었다. 나랏일로 바빠서 못 읽는 날이면 다음에 시간을 내서 꼭 보충했다. 그리고 주위 사람들에게 "이 책을 열어 보기만 해도 유익함이 있을 것이오."라고 말했다.

태종은 이렇듯 책 읽기에 열심이었고 지식도 풍부했다. 그래서 나라의 큰일을 처리할 때도 거침이 없었다. 왕이 이렇게 열심히 공부하는 것을 보고 신하들도 차츰 왕을 본받기 시작했고 당시 송나라 사회는 전반적으로 책 읽는 열기가 뜨거워졌다. 평소 책을 잘 읽지 않던 재상 조보趙普까지도 『논어』를 부지런히 읽어 '반부논어치천하半部論語治天下(자신의 지식을 겸손하게 이르거나 학습의 중요함을 비유적으로 표현한 말)'라는 유래를 남겼다.

천하와 즐거움과 근심을 함께한다

樂以天下 憂以天下(낙이천하 우이천하)

왕이 백성의 즐거움을 자신의 즐거움처럼 여긴다면 백성도 왕의 즐거움을 자신의 즐거움처럼 여길 것이다. 왕이 백성의 근심을 자신의 근심처럼 여긴다면 백성도 왕의 근심을 자신의 근심처럼 여길 것이다. 천하와 즐거움을 같이 하고 천하와 근심을 같이 한다면 왕이라 칭함받지 못하는 일은 없을 것이다.

제 선왕은 설궁雪宮에서 맹자를 만나서 물었다. "현인들도 이러한 즐거움이 있는가?" 맹자는 "있습니다. 사람이 이런 즐거움을 얻지 못하면 자신의 왕을 원망합니다. 이런 행동이 옳진 않지만 백성의 왕이 백성과 함께 즐거움을 나누지 못하는 것도 옳지 않습니다. 왕이 백성의 즐거움을 자신의 즐거움처럼 여긴다면 백성도 왕의 즐거움을 자

신의 즐거움처럼 여길 것이고 왕이 백성의 근심을 자신의 근심처럼 여긴다면 백성도 왕의 근심을 자신의 근심처럼 여길 것입니다. 천하와 즐거움을 같이 하고 천하와 근심을 같이 한다면 왕이라 칭함 받지 못하는 일은 없을 것입니다."라고 대답했다. 그리고 맹자는 이어서 왕에게 이야기 하나를 들려주었다.

옛날에 제 경공이 전부산轉附山과 조무산朝舞山을 구경하고 바다를 따라 남쪽으로 내려온 후 낭야琅邪까지 가고 싶어 재상 안자에게 물었다. "내가 어떻게 해야 선왕들처럼 구경할 수 있는가?"

안자가 대답했다. "참으로 좋은 질문입니다. 제후가 있는 곳에 천자가 가는 것을 순수巡狩라고 합니다. 제후가 다스리는 땅을 시찰한다는 뜻입니다. 그리고 제후가 천자를 뵙는 것은 술직述職이라고 합니다. 그것은 제후가 맡은 직책을 보고한다는 뜻입니다. 그들은 일이 없을 때는 밖에 나가지 않습니다. 물론 봄에 경작하는 것을 시찰할 때는 함께 씨를 뿌리고 밭갈이하는 것을 도우며 가을에 시찰할 때는 추수하는 것을 돕습니다. 하지만 지금 시찰을 가면 사람들을 동원하고 식량을 징수해서 가난한 사람들은 먹을 음식이 더욱 없고 피로한 백성은 쉴 수가 없습니다. 그리하여 백성들이 서로 눈을 흘기고 원망의 목소리를 터뜨리니 반란이 일어날 수도 있습니다. 선왕은 이렇게 행동하지 않으셨으니 지금은 오직 폐하께서 어떻게 하시는가에 달려 있습니다."

가난한 농가에서 태어난 북송의 시인 왕우칭王禹偁은 거야巨野 사람으로 자는 부지符之이다.

왕우칭은 어린 시절부터 공부를 좋아하고 총명한 아이었다. 어느 날 그는 아버지를 대신해 제주부齊州府에 밀가루를 배달하러 갔다. 마침 그곳에는 관리가 자식들에게 글을 가르치고 있었다. 왕우칭이 호기심에 가까이 다가가자 관리는 왕우칭의 허름한 옷차림과 촌스러운 모습을 보고 "앵무새의 능한 말재주가 어찌 봉황에 비할 수 있을까?"라는 구절을 내뱉었다.

왕우칭은 불손한 말투로 자신의 천한 신분을 비웃는 관리를 보고 자신 역시 예의를 갖추지 않은 채 그의 구절에 대구했다. "거미는 비록 재주가 교묘하지만 누에만 못하다." 왕우칭의 구절을 들은 관리는 그의 실력에 깜짝 놀라 아무 말도 하지 못했다.

왕우칭은 서른다섯 살이 되던 해에 좌사간左司諫으로 임명되었고 황제에게 조서를 써서 올리는 지제고知制誥라는 관직을 담당했다. 또한 우습유右拾遺·한림학사翰林學士 등의 관직을 맡았다. 정직하고 성품이 곧은 왕우칭은 조정에서 곧잘 진심 어린 충언을 했다. 그러나 곧 그의 입바른 말과 행동이 조정朝廷의 미움을 사서 상주商州와 저주滁州로 좌천되었다. 후에 송 진종眞宗 함평鹹平 원년(998년)에 다시 중앙으로 올라와 지제고로 복귀했지만 『태조실록太祖實錄』을 편수하면서 조광윤趙匡胤이 조나라를 빼앗아 천하를 얻었다고 역사적인 사실을 정직하게 기술하는 바람에 조정의 미움을 얻어 그 다음 해에 또다시 황주黃州로 쫓겨났다.

왕우칭은 백성과 함께 기쁨과 근심을 나누는 사람이었다. 그는 좌천당한다고 해서 후회하거나 근심하지 않고 오히려 자신의 솔직함에서 위안을 얻었다. 그는 자신의 운명을 서술한 『삼출부三黜賦』에서 자신이 추구하는 도덕을 이렇게 표현했다. "몸은 굽혀도 도는 굽히지 않으니 백 번을 좌천당한들 어떤가! 나는 정직을 지켜내고 인을 행하는 데 내 일생을 다 바칠 것이다."

정신을 집중하면 문득 깨우친다

茅塞頓開(모새돈개)

사람이 계속 다니면 산 속 좁은 길도 다져져 다닐만해 지고 얼마동안 사람이 다니지 않으면 금세 띠로 덮여 다시 길이 막혀버린다. 지금 띠가 당신의 마음을 막고 있다.

전국시대에 고자高子라 불리는 맹자의 제자가 있었다. 그는 맹자 밑에서 공부를 시작한 지 얼마 지나지 않아 금방 포기해버리고 다른 것을 배우러 떠나려 했다. 이 일을 알게 된 맹자는 고자에게 항심恒心 (변하지 않는 마음)이 부족하다는 것을 느끼고 그에게 말했다. "사람이 계속 다니면 산 속 좁은 길도 다져져 다닐만해 지고 얼마동안 사람이 다니지 않으면 금세 띠로 덮여 다시 길이 막혀버린다. 지금 너의 모습을 보니 마치 띠가 너의 마음을 막고 있는 것 같구나." 맹자의 이 말은 숲

속 좁은 길도 사람이 자주 다니면 다져져서 다닐 만해지고 며칠 다니지 않으면 금세 길이 막혀버리는 것처럼 학문을 배우는 데도 한결같은 태도가 필요하다는 이치를 설명한 것이다.

맹자의 말을 듣고 깨우친 고자가 말했다. "스승님, 앞으로 정신을 집중해 공부하고 흔들림이 없도록 하겠습니다." 맹자는 웃으면서 "그거 좋구나. 앞으로 내가 너를 지켜보겠느니라."하고 말했다.

─────── **지혜가 꼬리를 무는 역사 이야기** ───────

조광윤은 왕이 된 후 중대한 임무를 맡은 대신들이 마음이 변해 반란을 일으킬까 봐 석수신石守信·왕심기王審琦·고회덕高懷德 등 통수권을 가진 장군들을 궁으로 불러 연회를 열었다.

연회가 무르익자 조광윤은 지금이 기회다 싶어 다른 이들을 물러가게 한 다음 장군들에게 입을 열었다. "만약 여러분들의 도움이 없었다면 나는 왕이 되지 못했을 것이오. 그런데 정작 왕이 되니 여간 힘이 드는 게 아니오. 차라리 절도사節度使 시절이 훨씬 즐거웠던 것 같소. 왕이 된 후로 벌써 일 년이 흘렀지만 아직까지 한 번도 편하게 잠을 잔 적이 없다오."

영문을 모른 석수신 등 장군들이 이유를 물었다. 조광윤은 "이해가 안 되오? 왕이라는 자리는 누구나 눈을 시퍼렇게 뜨고 앉고 싶어 하는 자리요, 누군들 왕이 되고 싶지 않겠소?"라고 말했다. 그러자 장군들은 즉시 고개를 조아리며 말했다. "폐하, 어찌 그런 말씀을 하십니까? 이미 천명이 정해졌사온데 누가 감히 황제의 자리에 오르려 하겠습니까?" 조광윤은 고개를 저으며 말했다. "내가 신들을 믿지 못해서가 아니오. 하지만 그대들에겐 야심이 없다 하더라도 그 밑에 있는 사람들은 부귀영화를 누리고 싶어 하지 않겠소? 여러분도 내가 어떻게 왕이 되었는지 잘 알지 않소?" 깜짝 놀란 석수신 등 장군들은 "폐하, 그러면 저희가 어떻게 해야 하는지 가르쳐주십시오."라고 말했다.

조광윤은 이때다 싶어 말했다. "그렇다면 통수권을 내놓고 지방으로 내려가 편한 관직을 맡으시오. 거기서 땅과 집을 사 후손에게 물려주고 매일 연회를 열어 즐기면서 노년을 편하게 보내시오. 우리가 서로 자식들을 혼인시켜 관계를 유지하면 모두가 편하고 걱정할 일 없으니 이 얼마나 좋은 일이오!" 이 말을 들은 사람들은 비로소 왕의 뜻을 이해하고 다음날 스스로 관직을 내놓았다.

3장. 천하와 즐거움과 근심을 함께한다

백성이 가장 귀하고 토지신과 곡신은 그 다음이며 임금은 가장 가벼운 존재이다

民爲貴 社稷次之 君爲輕(민위귀 사직차지 군위경)

맹자께서 말씀하시거늘 "백성이 가장 중요하고 토지신과 곡신은 다음이며 임금은 가장 가벼운 존재이다. 그러므로 백성의 신임을 얻으면 천자가 되지만 천자의 신임을 얻으면 제후가 되고 제후의 신임을 얻으면 대부밖에 되지 못한다. 제후가 토지신과 곡신을 위태롭게 한다면 제후를 갈아치우고 살찐 짐승과 깨끗한 곡식을 마련해 제때 제사를 지내는데도 가뭄과 홍수가 나면 신을 갈아치운다."라고 했다.

춘추전국시대에 전통적으로 행해지는 제도가 있다. 제후국이 건설될 때마다 천자가 사자를 보내 제후를 위해 토지신과 곡신의 제단을 만들어주는 것이 바로 그것이다. 이 신들은 비와 바람을 보내 풍작을 거두게 하고 나라를 보호할 임무가 있다. 그래서 이 두 신은 나라

의 상징이기도 했다. 그리고 제후의 맡은 바는 나라의 안녕을 지키는 것이다. 만약 자신의 책임을 다하지 못해 나라가 위험에 빠지고 신에게 그 위험이 미치면 제후 자리에서 물러나야 했다.

맹자는 이런 제도에 찬성하는 입장이었다. 그리고 더 나아가 "백성이 가장 중요하고 토지신과 곡신은 다음이며 임금은 가장 가벼운 존재이다. 그러므로 백성의 신임을 얻으면 천자가 되지만 천자의 신임을 얻으면 제후가 되고 제후의 신임을 얻으면 대부밖에 되지 못한다. 제후가 토지신과 곡신을 위태롭게 한다면 제후를 갈아치우고 살찐 짐승과 깨끗한 곡식을 마련해 제때 제사를 지내는데도 가뭄과 홍수가 나면 신을 갈아치운다."라고 말했다.

지혜가 꼬리를 무는 역사 이야기

전국시대, 조趙 태후太后는 대단한 인물이었다. 그녀는 조 혜문惠文왕이 세상을 떠난 후 어린 조효趙孝를 키워서 왕으로 삼고 다양한 외교 활동을 통해 제후들과 연합하고 진秦나라의 공격을 막아냈다.

어느 날 제나라 사신이 한단邯鄲에 와서 태후를 알현했다. 태후는 사신에게 "제나라의 수확은 어떠한가? 백성들은 평안히 잘 지내는가? 왕의 옥체는 강건하신가?"라고 물었다. 그러자 제나라 사신은 기분 나쁘다는 듯 대답했다. "저는 왕의 명을 받아 태후를 찾아뵌 것인데 태후께서는 어찌 제나라 왕의 안부를 먼저 묻지 않고 농사나 백성을 먼저 물으시는 것입니까? 묻는 순서가 바뀌신 듯합니다." 그 말을 들은 태후는 "그렇지 않소. 만약 농사가 흉작이면 백성이 어찌 존재하며 백성이 없다면 왕은 또 어찌 존재할 수 있겠습니까?"

태후의 말은 백성이 최고이고 신이 그 다음이며 왕은 가장 가벼운 존재라는 생각을 잘 나타낸다. 그리고 태후의 정치적 선견지명이 얼마나 대단한지도 잘 보여준다. 그녀는 제나라의 사정을 손바닥의 손금 보듯 잘 파악하고 있었다.

태후는 "제나라에 종리자鍾離子라는 사람이 못 먹는 자를 먹이고 못 입는 자에게 옷을 준다고 들었소. 그렇듯 왕을 도와 백성을 돌보는데 어찌하여 그에게 아직도 관직을 주지 않는 것이오? 그리고 섭양자葉陽子는 홀로 사는 사람들과 고아, 의지할 곳 없는 노인을 돌보며 가난한 자들을 구제하는데 어찌 아직도 관직에 오르지 못하고 집에 있는 것이오? 또한 효녀 영아자嬰兒子는 부모님을 모시려고 늙어서도 시집가지 않고 몸에 장신구도 하지 않은 채 진심으로 효를 행하는데 어찌 아직도 표창을 하지 않소?"라고 물었다.

태후의 날카로운 질문에 놀란 제나라 사신은 땅에 엎드려 태후에게 경의를 표했다.

털끝만 한 것까지도 똑똑히 살피다

明察秋毫(명찰추호)

만약 어떤 사람이 왕에게 "제 힘으로 삼천 근이 넘는 물건을 충분히 들수 있지만 새 털 하나를 들지 못합니다. 또한 제 시력은 가을에 털갈이한 짐승의 아주 가느다란 털도 볼 수 있지만 수레에 가득 실린 땔나무는 보지 못합니다."라고 말한다면 왕께서는 이 말을 믿으시겠습니까?

　제 환공桓公과 진晉 문공文公은 춘추시대 패권을 장악했던 왕이었고 그중에 제 환공은 으뜸이었다. 전국시대 제 선왕도 선인들을 본받아 패권을 장악하고자 맹자에게 가르침을 구했다. "제 환공과 진 문공의 일에 대해 말해 줄 수 있소?" 하지만 맹자는 "죄송합니다. 저는 공자님의 제자이므로 패권이 아닌 왕도에 대해서만 말합니다. 저는 덕으로 천하를 통일해야 한다고 말하고 있습니다."라고 말했다.

선왕이 다시 물었다. "그렇다면 어떠한 덕으로 천하를 통일할 수 있소? 나 같은 사람도 할 수 있는 것이오?" "네, 얼마든지 하실 수 있습니다. 제사용 종에 묻힐 피를 준비하느라 사람들이 소를 죽이려 하자 왕께서 그 모습을 보고 죄 없는 소를 죽이지 말라고 명령하셨다는 이야기를 들은 적이 있습니다. 그런 일이 정말 있었습니까?"

"그렇소." "폐하의 마음이 그러하시다면 충분히 왕의 도를 행하고 인정을 베풀어 천하를 통일하실 수 있사옵니다. 문제는 폐하께서 할 수 있느냐 할 수 없느냐가 아니라 실천하느냐 실천하지 않느냐 입니다. 만약 어떤 사람이 '제 힘은 삼천 근을 들기에도 충분하지만 새 깃털 하나를 들 수 없고 가을에 털갈이 하는 짐승의 가느다란 털도 볼 수 있지만 수레에 가득 실린 땔나무는 보지 못 합니다'라고 한다면 폐하께선 그 말을 믿으시겠습니까?"

"당연히 믿지 못 하오!" "네, 맞습니다. 폐하께서 동물은 선한 마음으로 대하시면서 백성에게는 그렇게 하지 못 한다고 말씀하신다면 그것을 믿는 사람은 아무도 없을 것입니다. 새 깃털 하나를 들지 못하는 것은 들고 싶지 않은 마음 때문입니다. 수레에 가득 실린 땔나무를 보지 못하는 이유도 보고 싶지 않기 때문입니다. 제가 방금 말씀드린 것에 천하를 통일할 수 있는 답이 들어 있사옵니다."

　손량孫亮은 삼국시대의 오나라 황제 손권孫權의 아들로 아홉 살
때 태자가 되고 손권이 세상을 떠난 후 황제의 자리에 올랐다. 어느 날
손량은 화원을 돌아다니다가 매화를 따먹었다. 하지만 그때는 아직
매화가 익을 시기가 아니었기에 한 입 깨물자마자 온 입 안에 떫은맛
이 퍼졌다. 그래서 손량은 매화를 꿀에 찍어먹으려고 시위관 황문랑黃
門郞을 시켜 창고에서 꿀을 가져오라 명했다.

　황문랑은 곧 꿀을 가져와 손량에게 바쳤다. 손량이 막 꿀을 먹으
려고 하다 문득 그 속을 보니 쥐똥이 있는 것 아닌가! 화가 난 손량은
창고지기를 불렀다. "황문랑이 예전에도 너에게 꿀을 달라고 한 적이
있느냐?" 창고지기가 대답했다. "예전에 그런 적이 있었지만 주지는
않았습니다." 황문랑은 창고지기의 말을 부정하며 그가 자신에게 누
명을 씌우는 것이라고 반박했다.

　두 사람이 모두 핏대를 세우며 서로 자신이 옳다고 주장해 진위
여부를 가리기가 힘들었다. 그러자 왕의 곁에 있던 조현刁玄과 장빈張
邠이 두 사람을 관에 넘겨 심문하는 것을 제안했다. 하지만 손량은 잠
시 뭔가 골똘히 생각을 해보고는 "그럴 필요 없소. 금방 범인을 찾을
수 있소."라고 말했다. 그러고는 쥐똥을 꺼내 갈라보라고 시켰다.

　손량은 쥐똥의 안쪽이 말라 있는 것을 보고 황문랑을 가리키며
말했다. "자네가 창고지기에게 원한을 갚으려고 책임을 전가한 것이

었군." 조현과 장빈은 깜짝 놀라 왕에게 물었다. "전하, 그것을 어찌 아셨습니까?" 손량이 대답했다. "창고지기가 관리를 잘못해 꿀 속에 쥐똥이 빠졌다면 이미 시간이 오래 지났을 터이니 쥐똥의 안과 겉이 모두 꿀에 푹 젖어 있어야 할 것이오. 하지만 이 쥐똥은 속이 이렇게 말라 있으니 방금 집어넣은 것이 분명하오."

왕의 이야기를 들은 황문랑은 바로 죄를 시인하고 땅에 엎드려 용서를 빌었다. 그 자리에 있던 사람들은 모두 작은 것 하나도 놓치지 않고 알아내는 어린 황제의 현명함에 감탄을 금치 못했다.

남자와 여자는 서로
물건을 주고받으면 안 된다

男女授受不親(남녀수수불친)

순우곤이 물었다. "남녀가 물건을 직접 주고받지 않는 것은 예입니까?" 맹자가 대답했다. "예가 맞소." "만약 형수님이 물에 빠지면 손을 뻗어 구해주실 겁니까?" "형수가 물에 빠졌는데 구해주지 않는다면 그 사람은 짐승만도 못한 사람이오. 남녀가 직접 무언가를 주고받지 않는 것은 예이고 형수가 물에 빠졌을 때 손을 뻗어 구해주는 것은 융통성 있는 예요."

―――――――――

순우곤은 제나라 사람으로 데릴사위였다. 그는 키도 작고 우스꽝스럽게 생겼지만 말을 아주 잘해서 여러 번 사절로 임명되어 밖으로 나갔고 한 번도 그 생김새를 놀림 받은 적이 없었다. 어느 날 순우곤이 맹자를 찾아와 가르침을 구했다. "남녀가 물건을 직접 주고받지 않는 것은 예입니까?" 맹자가 대답했다. "예오." "만약 형수님이 물에 빠지면 손을 뻗어 구해주실 겁니까?" "형수가 물에 빠졌는데 구해주지 않는다면 그 사람은 짐승만도 못한 사람이오. 남녀가 직접 무언가를 주고받지 않는 것은 예이고 형수가 물에 빠졌을 때 손을 뻗어 구해주는 것은 융통성 있는 예이오."

순우곤은 제나라에서 제일가는 언변의 달인이었다. 그는 익살스럽게 말하면서도 문제의 핵심을 정확하게 꼬집어냈다. 그는 다시 맹자에게 물었다. "지금 천하 사람들이 물에 빠져 있습니다. 선생께서 그 사람들을 구하지 않는 이유는 무엇입니까?" 만약 이 질문에 조금이라도 늦게 대답한다면 맹자가 곤란해질 상황이었다. 하지만 맹자는 조금도 흔들림 없이 대답했다. "천하가 물에 빠져 있다면 도를 통해 구하고 형수가 물에 빠졌다면 손을 뻗어 구하면 되오. 당신은 어찌 나에게 손으로 천하를 구하라 하는 거요?"

지혜가 꼬리를 무는 역사 이야기

노老스님이 젊은 스님을 데리고 불경을 외우러 길을 떠났다. 강가에 도착하니 홍수로 물이 넘쳐서 돌다리가 물에 잠겼다. 강가에는 한 여인이 세차게 흐르는 물을 보고 차마 건너지 못해 어쩔 줄 몰라 하고 있었다. 이때 노스님이 그 여인에게 다가가 업혀서 강을 건너겠느냐고 물었다. 잠시 고민하던 여인은 말없이 고개를 끄덕였다. 그러자 노스님은 바로 여자를 업고 강을 건넜다. 강 반대편으로 건너온 뒤 스님은 여인을 내려주고 인사하고 나서 젊은 스님과 다시 길을 떠났다.

젊은 스님은 길을 가면서 내내 마음속으로 중얼거렸다. '속세에서도 남녀가 물건을 직접 주고받지 않는데 어찌 출가한 지 몇 십 년이 지난 스님이 여인을 업고 강을 건넌단 말인가?' 아무리 생각해도 이해되지 않자 그는 참지 못하고 노스님에게 물었다. "남녀가 물건 하나도 직접 주고받지 않는 것이 속세의 예입니다. 하물며 저희같이 출가한 사람들은 더더욱 여인을 멀리해야 하지 않습니까? 스님은 어찌하여 여인을 업고 강을 건너셨습니까?"

노스님은 젊은 스님을 보며 말했다. "출가한 사람은 자비심이 있어야 한다. 그리고 나는 이미 강을 건너 여인을 내려주었는데 너는 아직도 여인을 업고 있구나."

처음
시작하는
맹자

나무 인형을
만든 자는
자손이
끊어진다

변변치 못한 자의 용기로는
작은 나라도 섬길 수 없다

匹夫之勇(필부지용)

"왕께서는 부디 하찮은 용맹을 버리십시오. 눈을 부릅뜬 채 칼을 빼들고 '그가 나를 어찌 막아낼 수 있겠는가!'라고 말하는 것은 단 한 사람밖에 상대하지 못하는 필부의 용기입니다. 왕께서는 부디 더 큰 용기를 가지십시오!"

어느 날 제나라 선왕이 맹자에게 물었다. "이웃 나라와 사귀는데 어떤 원칙이 있는가?" 맹자가 대답했다. "있습니다. 오직 인정과 덕이 있어야 큰 나라로써 작은 나라를 섬길 수 있습니다. 그렇게 해서 상 탕왕이 큰 나라를 섬겼고 조 문왕文王이 곤이昆夷를 섬겼습니다. 또한 오직 지혜가 있어야만 작은 나라로써 큰 나라를 섬길 수 있습니다. 그래서 조 태왕太王은 훈육獯鬻을 섬겼고 월나라 왕 구천勾踐이 오나라

왕 부차夫差를 섬길 수 있었습니다. 큰 나라로서 작은 나라를 섬기는 자는 하늘의 뜻을 즐기는 자입니다. 그리고 작은 나라로써 큰 나라를 섬기는 것은 하늘을 두려워하는 자입니다. 하늘의 뜻을 즐기는 자는 천하를 안정시킬 수 있고 하늘을 두려워하는 자는 자신의 나라만 안정시킬 수 있습니다. 『시경』에 이르기를 '하늘의 위엄을 두려워하여 안정되었도다.'라고 했습니다."

선왕이 말했다. "선생이 한 말은 참으로 고귀하고 뜻이 있소. 하지만 나는 문제가 하나 있소. 바로 용맹을 좋아한다는 것이오." 맹자가 말했다. "왕께서는 부디 하찮은 용맹을 버리십시오. 눈을 부릅뜬 채 칼을 빼들고 '그가 나를 어찌 막아낼 수 있겠는가!'라고 말하는 것은 단 한 사람밖에 상대하지 못하는 필부의 용기입니다. 왕께서는 부디 더 큰 용기를 가지십시오. 『시경』에는 '문왕이 크게 노하시어 군대를 보내 거莒나라를 침략하려는 적들을 막고 주나라의 복을 더하니 천하 백성의 기대에 어긋나지 않았노라.'라고 했습니다. 이것은 바로 주문왕의 용맹입니다. 문왕은 한 번 노하시어 천하의 백성을 평안하게 하셨습니다. 『상서』에는 '하늘이 백성을 이 세상에 보낼 때 그들을 위해 왕을 세우고 스승을 세운 것은 하늘을 도와 백성을 돌보기 위함이다. 그러므로 세상의 죄 있는 자와 죄 없는 자는 모두 내가 책임져야 한다. 그 누가 하늘의 뜻을 뛰어넘을 수 있겠느냐?'라고 했습니다. 이렇듯 주周 무왕은 한 사람이 천하를 주무르고 날뛰는 것을 부끄럽게 생각했으니 이것이 바로 무왕의 용맹입니다. 무왕도 한 번 진노하면 천하 백성이 평안해졌습니다. 만약 전하께서 한 번 진노하시어 천하의 백성을 평안하게 하신다면 백성은 오히려 전하께서 용맹을 좋아하지 않으실까 걱정할 것입니다."

─────── 지혜가 꼬리를 무는 역사 이야기 ───────

한신韓信은 진나라 말기의 무장이다. 처음에는 항우項羽의 밑에서 일했지만 그에게 중용되지 않자 유방劉邦을 찾아갔다. 소하蕭何의 적극적인 추천을 받아 유방은 한신을 대장군으로 임명했다. 유방은 동쪽으로 진출하여 그의 적수인 항우를 무너뜨리고 천하를 통일하려 했다. 이를 위해 한신에게 상황을 분석해줄 것을 명했다.

한신은 직설적으로 유방에게 물었다. "지금 천하를 통일하는 데 가장 큰 적은 항우 아닙니까?" "그렇지!" "그렇다면 용맹과 인의 두 가지를 항우와 비교했을 때 장군께서는 스스로 어떻다고 생각하십니까?" 유방은 한참 입을 굳게 다물고 침묵하더니 말했다. "나는 둘 다 항우만 못하오."

"제가 생각해도 그렇습니다. 하지만 저는 과거 항우 밑에서 일한 적이 있어 그를 잘 압니다. 항우가 한 번 호통을 치면 수천 명이 쓰러집니다. 그러나 그는 능력 있는 인재를 등용할 줄 모르니 그저 필부의 용맹만 갖췄을 뿐입니다. 그리고 '인仁'을 말하자면 항우는 사람들에게 관심을 주는 편입니다. 그러나 그의 관심은 일부 사람에게만 미칠 뿐 전체에 이르지 못합니다. 또한 땅을 전공에 따라 골고루 분배하지도 않아 제후들의 불만이 많고 지나는 곳마다 항우의 군대가 민가에 피해를 끼쳐 백성의 원망도 커지고 있습니다. 단지 그의 힘이 두려울 뿐이나, 천하에 항우의 편은 없습니다. 지금은 저렇게 강해보여도 곧 무너질 것입니다."

유방은 한신의 말을 듣고 크게 기뻐했다. 그러고는 곧 군대를 이끌고 동쪽으로 가서 마침내 항우를 무너뜨리고 한나라를 건설했다.

하늘 아래 왕의 땅이
아닌 곳이 없다

普天之下 莫非王土(보천지하 막비왕토)

함구몽鹹丘蒙이 말하기를 "순임금이 요임금을 신하로 대우하지 않았다는 것을 알고 있었습니다. 하지만 『시경詩經』에서는 '천하에 왕의 땅이 아닌 것이 없고 왕의 신하가 아닌 사람이 없다'고 했습니다. 순임금이 천자가 되었는데 아버지 고수瞽瞍가 신하가 아니라고 하니 이것은 어떻게 된 일입니까?"라고 하였다.

함구몽이 말했다. "순임금이 요임금을 신하로 대우하지 않았다는 것을 알고 있었습니다. 하지만 『시경 - 소아小雅편 북산北山』에서는 '천하에 왕의 땅이 아닌 것이 없고 왕의 신하가 아닌 사람이 없다.'고 했습니다. 순임금이 천자가 되었는데 아버지 고수가 신하가 아니라고 하니 이것은 어떻게 된 일입니까?"

맹자가 대답했다. "『시경』에서 말하는 것은 그런 의미가 아니라 나랏일에 바빠서 부모를 공양할 수 없음을 말한 것이다. 시에서는 '이것은 국정과 상관이 없는데 나 혼자 이렇게 애쓴다'고 말했다. 그러므로 시를 해석하는 사람은 글자에 집착하여 말의 뜻을 해치면 안 되고 말을 만드는 데만 신경 쓰느라 문장의 뜻을 해쳐서도 안 된다. 오직 자기가 이해하는 바로 시 본래의 뜻을 가늠한다면 시를 정확하게 해석할 수 있을 것이다. 만약 말의 해석에만 얽매인다면 『운한』의 시에서 말한 '주나라에 살아남은 자가 하나도 없다'를 주나라에 정말로 살아남은 자가 한 명도 없다고 이해하게 되지 않겠는가! 효 중에 효는 부모님을 존경하는 것이고 부모님을 존경하는 것 중 가장 큰 것은 천하로서 부모님을 봉양하는 것이다. 순임금의 아버지 고수는 천자의 아버지가 되었으니 가장 존귀한 자리에 오른 것이고 순임금이 천자가 되어 그를 봉양했으니 최고의 봉양을 한 것이다. 『시경』에서는 '영원히 효를 추구하기로 했다면 효는 진정한 사람이 되기 위한 기준이 된다'고 했으니 바로 이를 두고 말한 것이다. 『서경』에서는 '순임금이 고수를 만날 때는 조심스럽게 행동하였고 고수도 순을 따르게 되었다'고 했으니 아버지라도 자식을 자식으로 대우할 수 없다는 것이다."

─────── 지혜가 꼬리를 무는 역사 이야기 ───────

당唐 희종僖宗은 어릴 때부터 조정에서 멀리 떨어진 궁에서 자

라 세상 돌아가는 것을 몰랐다. 조정의 모든 대사를 대환관大宦官 전령
자田令孜에게 맡기니, 이리하여 권력의 중심에 서게 된 전령자는 그 권
력을 더 오래 누리기 위해 어린 황제가 노는 것에 집중하게 해서 점점
대신들과 정치에서 멀어지도록 유도했다.

한 번 노는 것의 즐거움을 맛본 희종은 온종일 지치지도 않고 놀
았다. 희종은 말 타기·활쏘기·검술·음률·주사위 도박·축국蹴鞠(옛날 공
치기 놀이의 한 종류)·닭싸움 등 못하는 놀이가 없었고 그 가운데 가장 잘
하는 종목은 축국이었다. 한번은 악공樂工 석야저石野柢에게 "만약 공
치는 것으로 관리를 뽑는다면 짐이 장원일 걸세"라 말했다고 한다.

희종은 '천하에 왕의 땅이 아닌 것은 없다'고 생각했기에 자신
의 권력을 맘껏 휘둘렀다. 자신이 좋아하는 사람들에게 후하게 상을
내리고 특히 악공이나 기녀들에게 자주 상금을 내렸다. 한 번은 거위
를 두고 도박을 벌였는데 거위 한 마리에 걸린 돈이 무려 오십만 전錢
이나 되었다고 한다.

이삼 년 동안 희종이 흥청망청 돈을 써버려 이미 거의 바닥을 드
러낸 국고는 황제의 이러한 무절제한 소비를 더 견뎌낼 재간이 없었
다. 그럼에도 희종은 아랑곳하지 않으며 계속해서 하고 싶은 대로 행
동했고 마침내는 도박에 걸 돈도 없을 정도가 되었다. 이리하여 희종
은 국고를 채워 넣으려 경성의 두 시장에 있는 상인들의 모든 물건을
등록하고 중국 상인이든 외국 상인이든 상관없이 세금을 거두라고 명
령했다.

이 두 시장은 경성에서 가장 큰 무역 시장으로 가게도 이백이십여 개가 넘고 온갖 귀중한 물건들이 다 모이는 곳이었다. 동쪽에 있는 시장에는 중국 상인이 많고 서쪽에는 중앙아시아와 페르시아, 아랍 상인이 많았다. 상인들은 모두 희종의 명령에 큰 불만을 품었지만 겉으로 드러내는 순간 끌려가 맞아 죽기도 하므로 그저 속으로 삭일 수밖에 없었다.

신뢰할 수 없는 말은
경멸해야 한다

齊東野語(제동야어)

맹자께서 말씀하시길 "아니다. 이것은 군자의 말이 아니고 제나라 동쪽 시골에 사는 사람들의 말이니라. 요임금이 늙자 순임금이 천자의 자리를 물려받았지. 『요전堯典』에는 '순임금이 천자의 자리에 앉은 지 28년에 요임금이 돌아가셨다. 모든 신하는 마치 자신의 부모가 돌아가신 것처럼 삼년상을 치렀고 천하에는 음악 소리가 끊겼다'라고 나온다. 그리고 공자는 '하늘에 두 개의 태양이 있을 수 없고 땅에는 두 임금이 있을 수 없다'라고 말씀하셨지. 순임금이 이미 천자가 되었는데 천하의 제후들을 이끌고 요임금의 삼년상을 치른다면 이것은 천하에 천자가 둘이 있게 되는 것이다."라고 하였다.

―――――――――

어느 날 함구몽이 맹자에게 물었다. "옛말에 '덕이 높은 사람은

임금도 그를 신하로 삼을 수 없고 아비도 그를 아들로 삼을 수 없다.'
고 했습니다. 순임금이 천자가 된 후 요임금이 제후들을 거느리고 순
임금을 찾아뵈었고 순임금의 부친인 고수도 그를 찾아뵈었습니다. 순
임금은 부친을 보자 얼굴에 불안한 기색이 보였고 공자는 '지금은 천
하가 가장 위태로운 시대이다!'라고 말했습니다. 정말 이런 말을 했습
니까?"

그 말을 들은 맹자는 함구몽이 인용한 말이 시골 사람들 사이에
서 떠도는 터무니없고 근거 없는 말이라는 걸 알고 대답했다. "아니
다. 그것은 군자의 말이 아니라 제나라 동쪽 시골에 사는 사람들이 말
한 것이니라. 요임금이 늙자 순임금이 천자의 자리를 물려받았지. 『요
전』에는 '순임금이 천자의 자리에 앉은 지 28년에 요임금이 돌아가
셨다. 모든 신하는 마치 자신의 부모가 돌아가신 것처럼 삼년상을 치
렀고 천하에는 음악 소리가 끊겼다'라고 나온다. 그리고 공자는 '하늘
에 두 개의 태양이 있을 수 없고 땅에는 두 임금이 있을 수 없다.'라고
말씀하셨지. 순임금이 이미 천자가 되었는데 천하의 제후들을 이끌고
요임금의 삼년상을 치른다면 이것은 천하에 천자가 둘이 있게 되는
것이라네."

―――――――― **지혜가 꼬리를 무는 역사 이야기** ――――――――

북제北齊를 건국한 고양高洋은 황제가 되기 전에 동위東魏 수도

4장. 나무 인형을 만든 자는 자손이 끊어진다

지역의 군을 통솔하는 대도독大都督 자리에 있으면서 조정 밖의 일을 관리했다. 그는 일찍부터 황제가 되려는 야심이 있는 자였지만 일부러 우둔한 척하며 모든 일을 대강 넘어갔다. 그의 형인 제나라 왕 고징高澄이 자기 부인을 몇 번이나 희롱해도 그저 문제를 만들지 않으려 모른 척할 정도였다.

얼마 후 고징은 독단적인 정치로 미움을 사 살해당했다. 고양이 그 뒤를 이어 제나라에 새로운 법을 만들고 추진하면서 진양晉陽성은 점차 번화하고 질서 잡힌 도시로 탈바꿈했다. 동위의 원선견元善見(혹은 효정제孝靜帝)은 성실하고 어려운 일도 마다하지 않는 고양의 성품을 보고 그를 대승상에 앉혀 전국의 군대를 감독하게 하는 한편 제나라 왕이었던 형 고징의 지위를 세습하도록 했다.

이리하여 한 번에 큰 권력을 얻게 된 고양은 점차 위나라를 무너뜨리고 새로운 왕국을 세우려는 준비를 시작했다. 그러던 중에 대신 송경업宋景業이 『주역周易』에 능통한데다 음양의 변화와 별의 움직임으로 날씨를 맞추는 방법을 연구했다는 이야기를 듣고는 그를 찾아가 자신이 황제의 자리에 오르기 위한 길일을 점쳐달라고 했다.

그 결과 처음에는 간괘艮卦가 나왔다가 나중에 정괘鼎卦로 바뀌었다. 송경업은 점괘를 해석하면서 "간괘는 황제의 형상을 말하고 정괘는 5월에 변화가 나타난다는 것을 뜻합니다. 중하仲夏(음력 5월)에 즉위하시는 것이 가장 적합할 듯합니다."라고 말했다.

이 소식이 퍼지자 어떤 이들이 고양에게 말했다. "민간에 전해

오는 이야기에 따르면, 5월에 새로운 직위에 오르면 안 된다고 합니다. 만약 이를 어기면 새로 오른 그 직위에서 죽을 것이라고 합니다!"

송경업은 이 말에 바로 반박했다. "그런 터무니없는 말은 믿으실 필요 없습니다. 천자가 되시면 그 자리에서 내려오실 일이 없으실 테니 천자의 자리에서 돌아가시는 것은 당연한 일 아닙니까?" 그 말을 들은 고양은 매우 기뻐하며 진양에서 출병했다. 그리고 마침내 550년, 고양은 동위를 멸망시키고 황제의 자리에 올랐다.

궁할 때는 자신만 선하게 하고 잘 되면 천하를 선하게 한다

窮則獨善其身 達則兼濟天下 (궁즉독선기신 달즉겸제천하)

송구천宋勾踐이 물었다. "어떻게 하면 태연해질 수 있습니까?" 이에 맹자
께서 말씀하시길 "덕을 존중하고 의를 즐기면 자연히 태연해질 수 있소.
그러므로 선비는 가난할 때도 의를 잃지 않고 뜻을 이룬 후에도 도를 벗어
나지 않소. 뜻을 이루지 못해도 의를 잃어버리지 않기에 자신의 몸가짐을
유지할 수 있고 뜻을 이룬 후에도 도에 어긋나지 않기에 사람들이 실망하
지 않지요. 옛 사람들은 뜻을 이루게 되면 백성에게까지 그 은혜가 미치게
했고 뜻을 이루지 못하더라도 다시 인품과 덕성을 갈고 닦아 세상에 드러
냈소. 뜻을 이루면 스스로 자신의 선함을 지키고 또한 천하의 사람들도 선
함을 지킬 수 있도록 했다오."라고 했다.

─────────────

맹자는 뜻을 이루느냐의 여부는 단지 외부적 요소일 뿐이고 도

덕과 의야말로 근본이라 생각했다. 그러므로 뜻을 이루지 못해도 의를 지키고 뜻을 이룬 후에도 도리에 어긋나지 않을 수 있다고 말했다.

어느 날 맹자가 송구천에게 말했다. "당신은 여러 나라의 왕에게 유세하는 것을 좋아하오? 내가 유세의 태도에 대해 말해주겠소. 바로 다른 사람이 알아주더라도 태연해야 하고 다른 사람이 몰라주더라도 태연해야 하오." 그러자 송구천이 물었다. "어떻게 하면 태연해질 수 있습니까?"

이에 맹자께서 말씀하시기를 "덕을 존중하고 의를 즐기면 자연히 태연해질 수 있소. 그러므로 선비는 가난할 때도 의를 잃지 않고 뜻을 이룬 후에도 도를 벗어나지 않소. 뜻을 이루지 못해도 의를 잃어버리지 않기에 자신의 몸가짐을 유지할 수 있고 뜻을 이룬 후에도 도에 어긋나지 않기에 사람들이 실망하지 않지요. 옛 사람들은 뜻을 이루게 되면 백성에게까지 그 은혜가 미치게 했고 뜻을 이루지 못하더라도 다시 인품과 덕성을 갈고 닦아 세상에 드러냈소. 그래서 뜻을 이루지 못하면 자신만 선하게 하지만 뜻을 이루면 천하를 선하게 했다오."

맹자의 이 말은 공자가 말한 '용지즉행 사지즉장用之則行 舍之則藏 (세상에 쓰인다면 자신의 이상을 실천하고 버려진다면 자신의 재능을 감출 수 있어야 한다는 뜻)'과 맥을 같이한다. 이 말은 이천 년이 지난 지금까지도 세상에 자신을 드러내려는 지식인들에게 좌우명으로 애용되고 있으며 정신적인 무기로 작용한다.

한나라 시대, 황패黃霸는 하남河南 지역의 태수로 있었다. 당시 관리들은 대개 백성을 혹독하게 대했지만 그는 관용을 베풀었다. 공부를 즐기고 시와 음악에 능통했던 황패는 훗날 승상장사丞相長史의 자리에도 올랐다. 그러나 지나치게 정직한 그는 다른 사람의 모함을 받아 당시 『상서尙書』를 연구한 유명한 학자 하우승夏侯勝과 함께 옥에 갇히게 되었다.

옥에 갇혀 있을 때 황패는 하우승을 스승으로 삼아 『상서』를 공부했다. 하우승은 "우리는 언제든지 목이 잘릴 판인데 이 책을 공부한다 한들 무슨 소용이 있겠소?"라고 물었지만 황패는 진지한 얼굴로 말했다. "성현들은 궁할 때 자신을 선하게 하고 잘 되면 천하를 선하게 한다라고 했습니다. 만약 오늘 목이 잘리지 않는다면 저는 이 귀중한 시간을 제 자신을 수양하는 데 쓸 것입니다. 그리고 더 많은 것을 배울 것입니다." 하우승은 시간을 쪼개 덕을 쌓는 황패의 정신에 깊이 감동해 옥 안에서 삼 년 동안 그와 함께 공부했다.

삼 년 후, 관동關東 지역 49개 군郡에 지진이 일어나 산이 무너지고 집들이 내려앉는 바람에 사람이 육천여 명이나 죽었다. 그러자 선제宣帝는 백성을 구제하고 동시에 하늘의 노기를 풀어주려 죄인들을 사면했다. 하우승과 황패도 이때 석방되어 각각 간대부급사중諫大夫給事中(황제의 곁에서 간언하고 내정을 관리하는 자리)과 양주揚州 책사로 임명되었다.

감옥 생활을 통해 황패는 개인적인 덕도 쌓았고 『상서』에도 능통한 유명 학자가 되었다.

남의 호의를 거절하자니 실례 같다

卻之不恭(각지불공)

만장이 물었다. "다른 사람과 교제할 때는 어떤 마음가짐이어야 합니까?" 맹자가 말했다. "공손해야 한다." "옛말에 따르면 다른 사람이 보내온 물건을 거절하는 것은 공손하지 않다고 하는데 그 이유는 무엇입니까?" 맹자는 "지위가 높은 사람이 보내온 물건은 받기 전에 그가 보낸 것이 의로운 것인가? 의롭지 않은 것인가를 생각한 후에 받아야 한다. 하지만 사람들은 그러한 것이 공손하지 않다고 생각해 거절하지 못하는 것이다."라고 대답했다.

만장이 물었다. "다른 사람과 교제할 때는 어떤 마음가짐이어야 합니까?" 맹자가 대답했다. "공손한 마음으로 해야 한다." "옛말에 다른 사람이 보내온 물건을 거절하는 것은 공손하지 않다고 하는데 그

까닭은 무엇입니까?" "지위가 높은 사람이 보내온 물건은 받기 전에 그가 보낸 것이 의로운 것인가, 의롭지 않은 것인가를 생각한 후에 받아야 한다. 하지만 사람들은 그러한 것이 공손하지 않다고 생각해 거절하지 못하는 것이다."

"그렇다면 마음으로만 '그가 보내온 것은 의롭지 못한 것이다'라고 생각하고 다른 이유를 들어 거절하는 것은 어떻습니까?" "정당한 이유로 선물을 보내고 예를 차려 선물을 보냈을 때는 공자도 선물을 받았느니라."

"만약 성 밖에서 강도질을 한 사람이 정당한 이유로 예를 갖춰 선물을 보냈다면 그것이 훔친 물건일지라도 받아야 합니까?" "받으면 안 된다. 『강고康誥』에는 '모든 사람은 사람을 죽여 물건을 빼앗고 또 죽음을 두려워하지 않아 마음대로 날뛰는 사람을 미워한다'라는 말이 나온다. 이런 사람은 교육받을 때까지 기다릴 필요 없이 바로 죽여도 좋다. 이러한 법은 은나라가 하夏나라에서 이어받았고 주나라가 은나라에서 이어받아 지금까지 전해 내려오는 것인데 이렇듯 의롭지 않은 선물을 어떻게 받을 수 있는가?"

--- **지혜가 꼬리를 무는 역사 이야기** ---

'초당사걸初唐四傑(중국 초당(7세기)의 시단詩壇을 대표한 네 시인)' 가운데 한 명인 왕발王勃은 일곱 살 때부터 글쓰기에 뛰어난 재주를 보였

고 열네 살 때 벼슬에 올랐다. 대표 작품인『등왕각서滕王閣序』는 교지交趾로 가던 길에 홍주洪州(지금의 장시江西성 난창南昌 지역)를 지나면서 쓴 글이다.

등왕각은 당나라 고조高祖 이연李淵의 아들 이원영李元嬰이 홍주에서 도독으로 있을 때 만들었고 이후에 염백서閻伯嶼가 도독으로 오면서 재건했다. 9월 9일 중양절重陽節에 등왕각에서 성대한 연회를 열고 강남의 유명 학자 백여 명을 초청해서는 각자 등왕각 비에 새겨 대대로 전할 글을 써서 한 번 겨뤄보자고 했다.

비록 염백서가 글을 모으겠다는 이유로 학자들을 불러 모으긴 했으나 사실은 사람들 앞에서 사위의 글 솜씨를 뽐내려는 목적이었다. 염백서의 사위인 오자장吳子章이란 인물은 실제로도 실력이 아주 대단했다. 게다가 사전에 이미 시간을 들여 등왕각에 관한 문장을 써놓은 상태였다.

연회에 참석한 사람들은 다들 염백서의 뜻을 눈치채고 있었지만 이제 막 홍주에 도착해 초청받고 온 왕발은 속사정을 몰랐다. 그래서 자리에 모인 사람들은 글을 써보라는 염백서의 부탁을 모두 거절했지만 왕발은 거절하는 것이 공손하지 않다 생각해 사람들 앞에서 거침없이 글을 써내려갔다.

염백서는 화가 치밀었지만 꾹 참을 수밖에 없었다. 한편 왕발이 글을 써내려가자 주위에 있던 사람들이 그 문장을 읽었다. 자리에 앉아 있던 사람들은 왕발의 뛰어난 문장을 듣고 감탄을 금치 못했다. 게

다가 왕발을 건방지다고 생각했던 염백서 역시 왕발의 글을 보고는 매우 경탄했다.

하지만 하늘이 인재를 시샘했던 것일까? 왕발은 교지에 계신 부친을 뵈러 발해를 건너던 중에 물에 빠져 죽고 말았다. 그의 나이 겨우 스물여섯 살이었다.

사람은 모두
요·순임금처럼 될 수 있다

人皆可以爲堯舜(인개가이위요순)

조교曹交가 물었다. "사람은 모두 요·순임금처럼 될 수 있다는데 그 말이 사실입니까?" 맹자가 대답했다. "그렇다."

조교가 물었다. "사람은 누구나 요·순임금처럼 될 수 있다는데 그것이 사실입니까?" 맹자가 대답했다. "그렇다." "듣기로 문왕은 키가 3.3미터였고 탕왕은 3미터였다고 합니다. 비록 지금 제 키가 탕왕과 비슷하긴 하지만 저는 밥 먹는 것밖에 모르는 보잘것없는 사람인데 어찌 요임금이나 순임금처럼 될 수 있겠습니까?"

"뭐가 그리 어렵겠소? 그저 실천만 하면 되는 것이라오. 예를 들어서 어떤 사람이 오리 한 마리도 들지 못한다면 그 사람은 힘이 없는 사람이지만 1.5톤을 들어 올릴 수 있다면 힘이 센 사람이오. 오획烏獲

(진秦나라 무왕武王의 신하로 힘이 장사였음)이 들었던 것을 똑같이 들었다면 그 사람 역시 오획이 되는 것이오! 사람들은 자신이 이겨내지 못할 거라 생각하여 근심하는 것 아닌가! 단지 실천에 옮기지 않을 뿐이오. 나이든 사람 뒤를 천천히 따라가는 사람은 제悌('윗사람을 공경하다'라는 뜻)라 부르고 빨리 걸어서 나이 많은 사람을 앞질러가는 것을 부제不悌라 부르는데 사람들이 천천히 걷는 것을 어찌 못하겠소? 단지 하지 않는 것뿐이오. 요임금과 순임금의 도는 효와 제에 있을 뿐이지요. 만약 요임금이 입었던 옷을 입고 요임금이 했던 말을 하고 요임금이 했던 일을 한다면 당신도 얼마든지 요임금이 될 수 있소. 또한 걸桀(하나라 말기의 폭군으로 흉악한 사람의 대명사)이 입었던 옷을 입고, 그가 했던 말을 하며 그와 똑같은 행동을 한다면 당신은 걸이 될 수밖에 없소." "제가 추나라의 임금을 뵈옵게 되면 숙소를 얻을 수 있을 것입니다. 저는 선생님 밑에서 배우고 싶습니다."

그러자 맹자가 말했다. "요·순임금의 도는 큰길과 같은 것인데 어찌 알기 어렵겠소? 사람들이 실천에 옮기지 않을 따름이오. 당신도 돌아가서 이를 좇으시오. 그러면 굳이 내가 아니어도 스승으로 삼을 사람이 많을 것이오."

───────── **지혜가 꼬리를 무는 역사 이야기** ─────────

춘추시대, 진晉나라 왕 영공靈公은 폭군이었다. 어느 날 요리사가 덜 익은 곰발바닥을 내놓자 화가 난 진 영공은 당장 요리사를 죽여 버렸다. 하인들이 그의 시체를 수레에 실어 끌고 나가는데 강직한 신하였던 조순趙盾과 사계士季가 이 모습을 보게 되었다. 사건의 진상을 알게 된 두 사람은 크게 분노해 왕을 찾아가 꼭 간언해야겠다고 마음먹었다.

먼저 사계가 진 영공을 찾아갔다. 하지만 멀리서 사계가 오는 모습을 보고 요리사를 죽인 일로 따지러 왔을 거라고 바로 알아챈 왕은 짐짓 그를 못 본 척했다. 그러고는 사계가 왕 앞까지 오자 그제야 그를 한 번 힐끔 쳐다보았다. 왕은 "짐도 잘못을 알고 있소. 앞으로 고치겠소."라고 건성으로 말했다.

사계는 왕의 대답을 듣고 부드러운 태도로 이야기했다. "그 누가 잘못을 하지 않겠습니까? 잘못을 하고 나서 고칠 수 있다면 좋은 것이지요. 사람은 누구나 요·순임금이 될 수 있습니다. 만약 폐하께서 대신들의 간언을 받아들이신다면 틀림없이 좋은 왕이 되실 겁니다."

하지만 진 영공은 자신의 잘못을 진심으로 이해하지 못하고 여전히 포악하게 행동했다. 상국相國 조순이 여러 번 왕을 찾아가 간언해도 듣지 않더니 오히려 조순을 미워해 자객을 보내서 암살하려고까지 하는 게 아닌가! 하지만 자객은 오히려 자살을 택할지언정 차마 충직한 신하인 조순을 죽일 수가 없었다.

이렇게 일이 생각대로 풀리지 않자 진 영공은 방법을 바꿔 조순을 연회에 초청해서 기회를 봐 죽이려고 했다. 하지만 조순은 이번에도 근위병들의 도움으로 무사히 도망갔고 진 영공의 암살 계획은 결국 실패로 돌아갔다. 나중에 오히려 진 영공이 도원桃園에서 조순의 형제 조천趙穿의 손에 살해당했다.

다른 사람이 물에 빠지면 꼭 자기 때문인 것 같고
다른 사람이 굶어도 꼭 자기 때문인 것만 같다

人溺己溺 人飢己飢(인익기익 인기기기)

우禹임금은 사람이 물에 빠지면 자신이 임무를 다하지 못해 그 사람이 물에 빠졌다고 생각했고 직稷은 사람이 굶으면 자신이 일을 제대로 하지 못해 그 사람이 배를 곯는 것이라고 생각했다. 그들은 백성들이 어려움을 겪는 것은 모두 자신이 책임을 다하지 못한 탓이라고 생각해 늘 그렇게 마음이 조급했다.

상고上古시대에 농사를 잘 짓기로 유명한 사람이 있었으니 그의 이름은 직稷(혹은 후직後稷)이다. 그 시절은 요임금이 세상을 다스릴 때였고 요임금은 직에게 농업을 관리하는 임무를 맡겼다. 직은 어릴 때부터 농사일을 좋아했고 야생에서 자라는 보리·벼·콩·수수·과일 씨를 모아 땅에 심기도 했다. 그리고 어른이 된 후에는 더욱 농사에 집중했

고 나무와 돌 조각을 사용해 간단한 농기구를 만들기도 했다.

직은 농업을 관리하는 임무를 맡았을 때 사람들에게 직접 노동에 참여해 경작하는 방법을 보급해서 큰 효과를 거두었다. 그래서 순임금이 천하를 다스리게 되었을 때도 농업을 관리하는 일은 계속 직에게 맡겨졌다. 사람들은 직을 잘 따랐고 그가 죽고 난 후 몇 년 뒤에는 그를 곡신穀神으로 추대하고 제사를 지냈다.

당시 홍수가 나서 전국적으로 큰 피해를 입은 일이 있었다. 그런데 그 피해는 이십여 년이 흘러도 전혀 줄어들지 않아 백성이 큰 어려움을 겪었다. 이에 요임금이 곤鯀에게 치수治水를 맡겼으나 구 년이 지나도 성공하지 못했다.

순임금이 왕위에 오른 후에는 곤의 아들 우에게 치수를 맡겼다. 그래서 우는 사방을 뛰어다니며 백성들과 함께 강을 뚫고 대대적으로 수리 공사를 시작해 홍수를 잠잠하게 하는 한편 이재민을 구하는 작업을 계속했다. 그리하여 십삼 년간 노력을 들인 끝에 드디어 홍수를 막을 수 있었다. 사람들은 우를 '대우大禹'라 부르며 존경했고 우왕禹王 묘廟를 세워 그의 업적을 기렸다.

그래서 우는 물에 빠진 사람을 보면 자신이 임무를 끝내지 못해 그리 된 것이라 생각했고 직은 배를 곯는 사람을 보면 자신이 일을 제대로 하지 못해 곯는 사람이 생겼다고 생각했다. 그들은 자신들이 최선을 다해 임무를 완성하지 못한 탓에 백성이 어려움을 겪는다고 생각해 항상 조급해했다. 이는 다른 사람의 어려움을 마치 나의 일처럼 생각하는 것이다.

송나라의 재상 범중엄範仲淹은 자가 희문希文이고 문정공文正公
이라고도 불린다. 범중엄은 아주 가난한 어린 시절을 보냈다. 두 살 때
부친을 여의고 재혼한 어머니를 따라 치주淄州 장산長山으로 가서 성
을 주朱로 바꾸었다. 성인이 된 범중엄은 자신의 어려운 형편을 알고
더욱 더 노력했고 나중에는 남경 응천부應天府 서원에 들어가 공부했
다. 스님들의 숙소에 머물면서 공부하던 범중엄은 가난 탓에 하루에
겨우 죽 한 그릇으로 배를 채울 수밖에 없었다. 이렇게 삼 년을 공부한
후 다시 학자 척동문戚同文 곁에서 오 년을 힘들게 공부했다. 겨울에는
공부하다 피곤하면 차가운 얼음물로 세수를 해서 잠을 쫓고 다시 공
부했다. 그 당시같이 공부하던 한 지방 관리의 아들이 죽만 먹는 범중
엄을 딱히 여겨 맛있는 음식을 보내주었지만 범중엄은 손도 대지 않
았다.

대중상부大中祥符 8년(1015년) 범중엄은 마침내 진사에 합격해
벼슬 생활을 시작했다. 그 후 박주亳州·진주秦州·하중부河中府·목주睦
州·소주蘇州·요주饒州·윤주潤州·월주越州 등지에서 관리직을 맡으며 나
중에는 재상의 자리에까지 올라갔다. 범중엄은 백성의 고통을 함께
느끼고 정치를 할 때는 항상 백성을 먼저 생각하며 생산력을 향상시

키는 것을 일의 최우선 순위로 삼았다.

벼슬에 오른 후에도 범중엄은 가난했던 시절의 생활 방식을 고수했다. 그리고 가난한 사람들을 구제하고자 사재를 털어 소주 부근에 땅 십칠만 평 정도를 구입했다. 또한 자연재해로 피해를 입어 굶거나 입을 옷이 없는 사람이 없도록 노력하면서 정작 자기 자신을 위해서는 돈을 쓰지 않았다. 주위 사람들이 집을 살 것을 권유해도 그저 "경성에는 좋은 집이 많아서 언제든지 빌려 살 수 있으니 굳이 집을 살 필요가 없소."라고 말할 뿐이었다.

그의 아들 순인純仁 역시 부친의 뜻을 이어받아 백성을 도왔고 후에 부친이 산 땅을 세 배로 불린데다 사회 교육 기구의 기능까지 더해 그 영향이 후대까지 미치도록 했다.

범중엄은 자신의 장례 비용마저 없을 정도로 평생 가난하게 살았지만 다른 사람의 아픔을 자신의 아픔처럼 여기던 넓은 가슴은 후대까지 전해 내려오고 있다. 그는 슬하에 아들 다섯을 두었는데 두 아들은 재상에 올랐고 한 아들은 어사대부의 자리에 올랐으니 온 집안이 인재들이었다.

헌신짝
버리듯하다

如棄敝屣(여기폐사)

도응桃應이 물었다. "순임금이 천자이고 고요皐陶가 사법관으로 있는데 만약 순임금의 부친 고수가 사람을 죽였다면 어떻게 해야 합니까?" 맹자가 대답했다. "그래도 고수를 체포해야 한다." "그렇다면 순임금이 이를 막지 않겠습니까?" "순임금이 어찌 막을 수 있느냐? 고요가 고수를 잡아들인 것은 법에 따른 것이니라." "그렇다면 순임금은 어찌해야 합니까?" "순임금은 천하를 버리는 것을 헌신짝 버리듯할 수 있으니 몰래 부친을 업고 달아나 바닷가에서 살면서 천하를 잊고 평생 즐겁게 살 것이다."

───────────

고요는 고대 동이東夷 부족 소호씨少昊氏의 대장이었다. 요임금 시대에 태어나 우임금 시대에 백육 살의 나이로 죽었다. 고요는 요·순·우임금 시대를 살면서 온힘을 다해 세 임금을 보좌한 덕이 높은 사람이었다. 그가 남긴 큰 업적은 형법을 재정하고 교육 제도를 만든 것이다. 그리고 요·순·우임금을 도와 오형五刑과 오교五教를 보급하고 공정하게 재판했다. 그래야 '아버지는 의롭고 어머니는 자비로우며 형은 우애 있고 동생은 공손하며 자식은 효를 다해야 한다父義·母慈·兄友·弟恭·子孝'라고 주장하며 화목하고 태평한 사회를 만들었다.

어느 날 맹자의 제자 도응이 물었다. "순임금이 천자이고 고요가 사법관으로 있는데 만약 순임금의 부친 고수가 사람을 죽였다면 어떻게 해야 합니까?" 맹자가 대답했다. "그래도 고수를 체포해야 한다."

"그렇다면 순임금은 이를 막지 않겠습니까?" "순임금이 어찌 막을 수 있느냐? 고요가 고수를 잡아들인 것은 법에 따른 것이니라."

"그렇다면 순임금은 어찌해야 합니까?" "순임금은 천하 버리는 것을 헌신짝 버리듯 할 수 있으니 몰래 부친을 업고 달아나 바닷가에서 살면서 천하를 잊고 평생 즐겁게 살 것이다."

──────── **지혜가 꼬리를 무는 역사 이야기** ────────

청나라의 순치제順治帝 복림福臨은 청나라가 입관入關(만주족이 산해관을 넘어 화북으로 진출한 사건)한 후의 첫 황제다. 복림은 황태극皇太極의 아홉째 아들로 숭덕崇德 3년(1638년)에 태어나 숭덕 8년(1643년) 8월 2일 심양沈陽에서 왕위에 오른 후 순치로 이름을 바꾸고 18년 동안 왕위에 있었다.

순치가 왕위에 오르자 숙부 도르곤多爾袞이 그를 도와 정치를 했다. 그렇게 해서 순치 7년이 되던 해 도르곤이 사냥을 나갔다가 그만 사고로 죽고 말았다. 그래서 당시 열네 살이던 순치는 그때부터 직접 정치를 하게 되었다. 본래 성품이 어질고 총명한 순치는 부지런히 공부하고 앞선 한漢 문화를 적극적으로 받아들였다. 그리고 시대의 흐름에 따라 선조 때부터 내려오던 법을 재정비하고 가까운 만주滿洲족 대신들의 반대를 무릅쓰며 한나라 관리들을 신뢰하고 중용했다.

그는 천하를 오랫동안 태평하게 다스리기 위해 명나라의 흥망성쇠를 귀감으로 삼아 문제를 일으키는 당파에는 강하게 경고하는 동시에 관리들의 공무 집행 상황을 정비하는데도 많은 노력을 기울였다.

또한 백성들과 함께하고자 노력했다. 그러나 순치 역시 혈기왕성한 젊은 청년이었기에 고집이 세고 독선적일 때가 물론 있었으며 성격이 급해 쉽게 화를 내는 경향이 있었다. 당시궁에는 인질로 끌려온 한인漢人 동악비董鄂妃라는 여인이 있었다. 순치제는 그녀의 호리호리한 몸매와 아름다운 외모, 총명함에 반해 그녀를 총애하며 귀비貴妃(황후 다음으로 높은 지위)의 자리에 앉혔다. 하지만 미인박명이라고 했던가! 한 번 병으로 몸져누운 동악비는 물에 떠내려가는 꽃처럼 세상을 떠나버리고 말았다.

이렇게 사랑하는 사람을 잃은 순치는 슬픔에 잠겨 닷새 동안을 아무것도 하지 않았다. 그러고는 동악비를 황후로 봉하고 '효헌장화

지덕선인단경황후孝獻莊和至德宣仁端敬皇後'라는 시호를 내렸다.

　　오늘날 순치제가 동악비의 죽음으로 큰 충격을 받은 후 이듬해 정월에 마치 헌신짝 버리듯 천하를 버리고 오대산五台山으로 들어가서 속세를 떠나 머리를 깎고 스님이 되었다는 속설이 전해진다.

4장. 나무 인형을 만든 자는 자손이 끊어진다

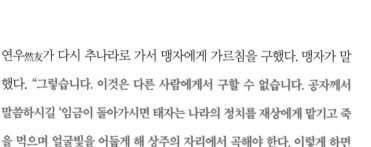

윗사람이 좋아하면 아랫사람은 더 좋아한다

上之所好 下必甚焉(상지소호 하필심언)

연우然友가 다시 추나라로 가서 맹자에게 가르침을 구했다. 맹자가 말했다. "그렇습니다. 이것은 다른 사람에게서 구할 수 없습니다. 공자께서 말씀하시길 '임금이 돌아가시면 태자는 나라의 정치를 재상에게 맡기고 죽을 먹으며 얼굴빛을 어둡게 해 상주의 자리에서 곡해야 한다. 이렇게 하면 모든 관리 가운데 감히 슬퍼하지 않을 자가 없으니 이는 태자가 먼저 슬퍼하기 때문이다'라고 했습니다. 윗사람이 좋아하는 것이 있으면 아랫사람은 반드시 더 좋아하게 됩니다. '군자의 덕은 바람과 같고 소인의 덕은 풀과 같습니다. 바람이 불면 풀은 바람이 부는 방향으로 쓰러지지요' 모든 것은 태자에게 달려 있습니다."

등 문공이 태자였을 때 한 번 초나라에 간 적이 있다. 그러면서

귀국하는 길에 송나라의 수도 팽彭에 들려 마침 그곳에 머무르던 맹자를 두 번이나 찾아뵈었다.

세월이 지나고 부친 정공定公이 세상을 떠나자 태자는 자신의 스승 연우를 추나라로 보내 맹자에게 장례에 대한 예를 물었다. 맹자는 "삼년상을 치르면서 허름한 옷을 입고 죽을 마십니다. 이는 천자부터 백성까지 모두 그렇게 하는 것으로 하夏·상商·주周 3대에 걸쳐 이어 내려왔습니다."라고 대답했다.

연우가 돌아와 맹자의 말을 전하자 태자는 삼년상을 치르기로 결정했다. 하지만 궁의 대신들과 어른들은 그에 반대하며 이렇게 말했다. "우리와 한겨레인 노나라도 삼년상을 치르지 않고 우리나라의 선대도 행하지 않은 것이니 태자의 시대에 규칙을 어기는 것은 옳지 않습니다."

그러자 태자는 다시 연우를 맹자에게 보내 물었다. 이에 맹자가 말했다. "일단 하려고 했다면 마음을 바꾸어서는 안 됩니다. 공자께서 말씀하시길 '임금이 돌아가시면 태자는 나라의 정치를 재상에게 맡기고 죽을 먹으며 얼굴빛을 어둡게 해 상주의 자리에서 곡해야 한다. 이렇게 하면 모든 관리 가운데 감히 슬퍼하지 않을 자가 없으니 이는 태자가 먼저 슬퍼하기 때문이다'라고 했습니다. 윗사람이 좋아하는 것이 있으면 아랫사람은 반드시 더 좋아하게 됩니다. '군자의 덕은 바람과 같고 소인의 덕은 풀과 같습니다. 바람이 불면 풀은 바람이 부는 방향으로 쓰러지지요' 모든 것은 태자에게 달려 있습니다."

4장. 나무 인형을 만든 자는 자손이 끊어진다

연우가 돌아와 그대로 말을 전했다. 그 말을 듣고 태자는 "그렇구나. 이번 일은 전부 나에게 달려 있었어."라고 말하고는 다섯 달 동안 여막廬幕(옛 상례에서 상제들이 곡哭하거나 조객을 맞이하기 위해 빈소 옆에 마련한 막사)에 머물면서 아무런 명령도 내리지 않았다.

그러자 모든 관리와 친족들은 태자가 예를 안다며 높이 평가했다. 마침내 장사를 치르는 날이 되자 전국에서 사람들이 모여들었다. 그리고 태자의 수척해진 얼굴과 비통해하는 통곡을 듣고 사람들은 크게 감동했다.

지혜가 꼬리를 무는 역사 이야기

초나라의 영왕靈王은 허리가 버드나무 잎처럼 가는 신하를 좋아했다. 허리가 가는 신하를 보면 얼굴 가득 기쁨이 넘쳤고 심지어 그런 이유로 총애하며 중용하기도 했다. 옛말에 윗사람이 좋아하는 것이 있으면 아랫사람은 더욱 그것을 좋아한다고 했다. 조정 대신들은 왕의 총애를 받기 위해 모두 허리살을 빼기 시작했다.

다들 약속이나 한 듯이 기름진 음식은 먹지 않고 먹는 양도 줄여 하루에 한 끼만 먹는 사람도 있었다. 또 밥을 먹지 못해 눈앞이 어질어질해도 살 빼려는 노력은 절대 멈추지 않았다. 어떤 대신은 빨리 살을 뺄 수 있는 독특한 방법을 고안해냈다. 매일 아침 잠자리에서 일어나 옷을 입을 때 먼저 큰 숨을 몇 번 들이마셔서 가슴은 나오게 하고 배는 들어가게 한 상태에서 숨을 멈춘 다음 넓은 끈으로 허리 부분을 단단하게 감는 것이었다.

　이렇게 조정에 한바탕 살빼기 광풍이 몰아닥친 지 어느덧 일 년여가 흘렀다. 이젠 많은 대신이 스스로 서 있을 힘조차 없어 기둥을 붙잡아야 겨우 서 있을 정도가 되었고 바람만 불어도 쓰러질 만큼 약해져 버렸다. 이런 사람들이 어찌 정치를 하고 나라를 지킬 수 있겠는가. 결국 이것으로 말미암아 조정은 커다란 혼란에 휩싸였다.

나무 인형을 만든 자는 자손이 끊어진다

始作俑者 其無後乎(시작용자 기무후호)

맹자께서 말씀하시길 "임금의 주방에는 기름진 고기가 가득하고 마구간에는 살찌고 튼튼한 말이 있으면서 백성은 굶주린 얼굴을 하고 곳곳에 굶어 죽은 시체가 널려 있다면 이것은 마치 짐승을 몰고 나와 사람을 잡아먹게 하는 것이나 마찬가지입니다! 사람들은 짐승끼리 서로 잡아먹는 것도 싫어하는데 백성의 부모라는 왕이 나랏일을 하면서 짐승이 사람 잡아먹는 것도 막지 못한다면 어찌 백성의 부모라 할 수 있겠습니까? 공자께서 말씀하시길 '순장殉葬할 때 쓰는 나무 인형을 처음 만든 사람은 그 후손이 끊어질 것이다'라고 했습니다. 이는 나무로 사람의 모형을 만들어 장례에 사용했기 때문입니다. 이렇듯 사람의 모형을 만드는 일조차 허용되지 않는데 하물며 어찌 백성을 굶어 죽게 한단 말입니까?"라고 하였다.

양 혜왕과 대화를 나누던 맹자가 혜왕에게 물었다. "방망이로 사람을 죽이는 것과 칼로 사람을 죽이는 것이 다릅니까?" "다를 것이 없소." "그렇다면 칼로 사람을 죽이는 것과 정치로써 사람을 죽이는 것은 다릅니까?" "그것도 다를 것이 없소." "지금 왕의 주방에는 기름진 고기가 있고 마구간에는 살찌고 튼튼한 말이 있으면서 백성은 굶주린 얼굴을 하고 들에는 굶어 죽은 시체가 널려 있다면 이는 마치 짐승을 몰고 나와 사람을 잡아먹게 하는 것과 마찬가지입니다! 사람들은 짐승끼리 서로 잡아먹는 것도 싫어하는데 백성의 부모라는 왕이 나랏일을 하면서 짐승이 사람 잡아먹는 것도 막지 못한다면 어찌 백성의 부모라 할 수 있겠습니까? 공자께서 말씀하시길 '순장할 때 쓰는 나무 인형을 처음 만든 사람은 그 후손이 끊어질 것이다'라고 했습니다. 이는 나무로 사람의 모형을 만들어 장례에 사용했기 때문입니다. 이렇듯 사람의 모형을 만드는 일조차 허용되지 않는데 하물며 어찌 백성을 굶어 죽게 한단 말입니까?"

여기서 공자가 '나무 인형을 만든 사람은 후손이 끊어질 것이다'라고 한 것은 당시 순장하는 사회 풍습에서 나온 말이다. '용俑'은 당시 죽은 사람과 같이 묻으려고 나무나 흙으로 만든 인형으로, 사람의 형상을 닮았다. 노비 사회일 때는 주인이 죽으면 종도 함께 묻었지만 이후 노동력이 점점 중요해지는 생산 사회에 들어서면서부터는 노비 대신 사람의 형상을 한 인형을 함께 묻었다. 하지만 이 같은 행동을 이해하지 못한 공자는 처음 그런 목적으로 인형을 만든 사람에게 "반드시 대가 끊겨져 후손이 없을 것이다!"라고 비난했다.

공자의 이 말은 훗날 뜻이 확대되어 제일 먼저 좋지 않은 사회 분위기를 형성한 사람이나 나쁜 짓을 처음으로 시작한 사람을 가리키는 '시작용자始作俑者(나무 인형을 만든 사람)'라는 사자성어로 쓰인다.

───── **지혜가 꼬리를 무는 역사 이야기** ─────

청나라 옹정雍正 6년(1728년), 조정에는 대대적인 '문자옥文字獄(자기가 쓴 문장 때문에 화를 당하는 일)' 바람이 불었다. 호남湖南에서 인재로 알려진 증정曾靜은 우연한 기회에 이미 세상을 떠난 학자 여유량呂留良이 청나라 조정을 비판한 글을 읽고 탄복해 그의 제자들과 교제를 시작했다. 그 후 한족漢族 대신 악중기嶽鍾琪가 변경 지역에서 떠들썩하던 반란을 잠재운 공로로 옹정제에게 중용되어 천섬川陜 총독으로 임명되고 군대를 관리하게 된 일이 있었다. 증정이 그 이야기를 듣고 악중기를 찾아가 함께 청나라에 반란을 일으키자고 제의했지만 보기 좋게 배신당하고 말았다.

이 일을 보고받은 옹정제는 "직접 이 사건을 처리하겠노라." 하고 선언한 뒤 여유량이 청나라를 비판한 내용에 반박하려고 직접 『대의각미록大義覺迷錄』을 쓰고 한편으론 처벌을 내렸다. 사람들 앞에서 이미 죽은 여유량과 그의 아들 여보중呂葆中, 제자 엄홍규嚴鴻逵의 시체를 갈기갈기 찢어 보이고 당시 살아있던 아들 여의중呂毅中에게는 참수형을 내렸다. 그리고 여씨와 엄씨 가문의 자손들을 영고탑寧古塔으로 끌고 가 노예로 살게 했다.

또한 여씨·엄씨와 교제한 자들과 여유량에게 책을 만들어준 자, 심지어 여유량의 책을 소장하고 있던 동정신東鼎臣·동정분東鼎貫·손극용孫克用·조경여周敬輿 같은 사람들마저 사형에 처해 이 일에 관련된 자는 천여 명을 넘어섰다.

비록 이 사건을 처음 시작한 사람은 옹정제이지만 경솔하게 행동한 증정도 책임을 피할 순 없다. 하지만 증정은 후에 옹정제에게 용서를 받아 구사일생으로 살아났다. 옹정제는 증정을 살려두어 참회할 기회를 주면서 그에게 강남 일대로 가 『대의각미록』을 널리 전파하며 왕의 관대함과 왕권의 견고함을 알리라고 명령했다. 이에 증정은 깊이 사죄하고 청 조정의 앞잡이가 되어 충성했지만 결국 건륭乾隆 황제 때에 가서는 사형을 당했다.

자기 몸을 지키는 것이
가장 중요하다

守身爲大(수신위대)

맹자께서 말씀하시길 "누구를 섬기는 것이 가장 중요한가? 부모를 섬기는 것이 가장 중요하다. 지키는 것 중에서 무엇이 가장 중요한가? 자신(의 선함)을 지키는 것이 가장 중요하다. 자신을 잃지 않고 부모를 잘 섬겼다는 말은 들어봤지만 자신을 잃고 부모를 잘 섬겼다는 말은 들어본 적이 없다. 마땅히 어른을 섬겨야 하지만 그 중에서도 부모를 섬기는 것이 가장 중요하다. 또한 마땅히 모든 성품을 지켜야 하지만 그 중에서도 자기의 선함을 지키는 것이 가장 근본이다."라고 했다.

맹자가 말했다. "누구를 섬기는 것이 가장 중요한가? 부모를 섬기는 것이 가장 중요하다. 지키는 것 중에서 무엇이 가장 중요한가? 자신(의 선함)을 지키는 것이 가장 중요하다. 자신을 잃지 않고 부모를

잘 섬겼다는 말은 들어봤지만 자신을 잃고 부모를 잘 섬겼다는 말은 들어본 적이 없다. 마땅히 어른을 섬겨야 하지만 그 중에서도 부모를 섬기는 것이 가장 중요하다. 또한 마땅히 모든 성품을 지켜야 하지만 그 중에서도 자기의 선한 성품을 지키는 것이 가장 근본이다." 그리고 맹자는 증자曾子의 이야기를 들려주었다.

증자는 부친 증석曾晳을 모실 때 항상 밥상에 술과 고기를 올렸다. 그리고 상을 치울 때는 반드시 남은 음식을 누구에게 줄 것인지 여쭈었다. 증석이 음식이 남아 있는지 물으면 증자는 반드시 있다고 대답했다.

증석이 죽고 난 후에는 증자의 아들 증원曾元이 증자를 모셨다. 그 역시 끼니마다 술과 고기를 올렸지만 상을 치울 때 남은 음식을 누구에게 줄 것인지 묻지 않았고 증자가 남은 음식이 있냐고 물어도 증원은 없다고만 대답했다. 이는 남은 음식을 다시 증자에게 차려드리고자 한 것이었다.

이에 맹자는 "증원이 한 것은 부모의 입과 몸을 봉양한 것이지만 증자는 부모의 뜻을 봉양했다. 무릇 부모를 섬길 때는 증자가 증석에게 한 것처럼 해야 한다." 고 말했다.

지혜가 꼬리를 무는 역사 이야기

동한東漢 시대에 살았던 유총劉寵은 자가 조영祖榮이고 모평牟平

 4장. 나무 인형을 만든 자는 자손이 끊어진다

현 사람이다. 그는 벼슬길에 올라 사도司徒와 태위太尉의 자리에 있었으며, 자신의 선함을 지키는 것을 가장 중요한 일로 여겨 후에 계군稽郡 태수로 재임할 때 일절 뇌물을 받지 않았다.

시간이 흘러 청렴한 성품과 뛰어난 업적을 인정받은 유총은 경성에서 벼슬을 하게 되었다. 그가 계군을 떠나기 전 산음山陰현 약야산若耶山에서 왔다는 머리가 하얗게 센 노인 대여섯 명이 유총에게 "태수님의 가는 길을 배웅하고 싶습니다."라고 말했다. 그러고는 각자 가져온 동전 백 개씩을 주려고 해 유총은 정중히 거절했다.

그러자 노인들은 눈물을 흘리며 말했다. "저희는 산에서 사는 보잘것없는 사람들입니다. 전에 계시던 태수께서는 백성을 괴롭히고 또 늦은 밤이 될 때까지 붙잡아놓고 집으로 돌려보내 주지 않았습니다. 그때는 개가 밤새도록 짖어 백성이 불안함에 떨었지만 태수님께서 오신 후부터는 개가 밤에 짖지를 않습니다. 그리고 이젠 관리들도 백성을 붙잡아두는 일이 없습니다. 그런 태수님께서 떠나신다는 소식을 듣고 얼마 되진 않지만 돈을 좀 들고 왔습니다. 부디 저희의 작은 성의라 생각하시고 받아주십시오."

그러자 유총은 "저는 그동안 그렇게 좋은 일을 많이 하지 못했습니다. 오히려 어르신들께서 고생이 많으셨지요."라고 말했다. 하지만 노인들이 한사코 돈을 받아줄 것을 요청하자 유총은 차마 어르신들의 성의를 거절할 수 없어 하는 수 없이 돈을 받아두었다.

그러고는 산음현을 벗어난 후에 돈을 강에 쏟아버렸다. 그 일로 사람들은 그 강을 '전청강錢淸江'이라 부르고 '일전정一錢亭'을 세웠다. 그리고 그 일대에서는 유총을 '일전태수一錢太守'라고 불렀다.

유총은 나중에 역재이군歷宰二郡과 경상卿相의 자리에까지 올랐다. 그럼에도 여전히 소박하게 생활하고 사람들에게 베풀며 너그럽게 대한 유총은 재산을 전혀 남기지 못하고 죽었다.

처음
시작하는
맹자

5

일정한 생업이
없는 사람은
일정한 마음이
없다

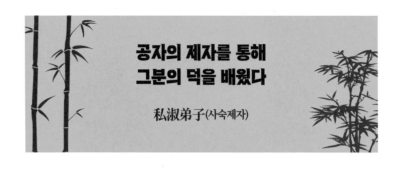

공자의 제자를 통해
그분의 덕을 배웠다

私淑弟子(사숙제자)

맹자께서 말씀하시길 "군자의 덕도 5대가 지나면 그 영향이 끊어지고 소인의 덕도 5대가 지나면 그 영향이 끊어진다. 나는 공자의 제자가 되지 못했으나 다른 사람을 통해서 공자의 덕을 배웠다."라고 하였다.

맹자가 어릴 때 그의 모친은 좋은 환경에서 아들을 키우려고 세 번이나 이사를 했다. 처음에 무덤 가까운 곳에서 살았을 때 맹자는 또래 친구들과 무덤가에서 장례 치르는 흉내를 내며 놀았다. 이 모습을 보고 깜짝 놀란 어머니는 아들의 공부에 좋지 않겠다고 생각해 시장 근처로 이사를 갔다.

그런네 맹사는 시상에서 얼마 지나지 않아 친구들과 장사꾼 흉내를 내며 놀았고 어머니는 시장 근처 역시 아들을 공부시키는 데 적당하지 않다고 생각해 다시 서당 근처로 이사를 갔다. 그런데 이번에는 맹자가 서당에 다니며 스승 곁에서 예절과 지식을 배워 어머니도 비로소 안심하고 그곳에 정착했다.

당시 공자의 손자 공급孔伋(자는 자사子思)이 곡부曲阜에서 육예六藝 (중국 주대周代에 행해진 예禮·악樂·사射·어御·서書·수數 등 여섯 가지 기술 교육 과목)를 가르치고 있어서 사방에서 그에게 배움을 구하려는 사람들이 몰려왔다. 맹자도 열다섯 살이 되던 해 어머니의 권유로 곡부에 가서 정식으로 유가를 배우기 시작했다.

자사는 맹자를 유심히 살피더니 주위 사람들에게 "맹자는 즐거운 성품을 지녔고 인과 의를 알고 있습니다. 그리고 말할 때마다 요, 순임금을 말하니 세상에 이런 이도 드물 것입니다."라고 말했다.

그때부터 맹자는 자사의 문하에서 오 년을 공부했고 학문과 덕이 눈에 띄게 성장했다. 그리고 마침내 공자의 사상을 이어받은 그는 스스로 자신을 가리켜 공자의 '사숙 제자'라고 말했는데 이에 조금도 손색이 없었다.

────────── **지혜가 꼬리를 무는 역사 이야기** ──────────

사영운謝靈運은 송나라의 문장가이자 불교학자이고 혜원慧遠은 여산廬山의 스님이다. 사영운은 혜원 스님보다 훨씬 젊은 사람이었다. 혜원은 이미 팔순이 다 되었는데 사영운은 아직 서른이 채 안 되어 둘은 무려 쉰한 살이나 차이가 났다.

사영운은 좋은 교육을 받고 자랐고 학문에 관해서도 집안을 이끄는 사혼謝混에게 인정받을 정도였다. 또한 사참謝瞻과 사회謝晦 등 다른 형제들보다도 재능이 뛰어났다. 이렇게 능력이 뛰어난지라 자신의 재능을 크게 믿는 사영운은 이 세상에 존경하는 사람이 별로 없었다. 하지만 혜원 스님을 한 번 본 이후로 그에게 매우 탄복해 존경하게 되었고 나중에는 혜원 스님을 도와 동림사東林寺의 동서쪽 땅을 파서 연못을 만들고 백련白蓮을 심었다. 그런 연유로 혜원 스님과 현인 열여덟 명으로 이루어진 단체 이름이 백련사白蓮社라고 불리게 되었다.

한번은 혜원 스님이 인도 석실石室에 불상이 있다는 이야기를 듣고 화공을 불러 서역 출신의 스님이 말한 것을 토대로 불상을 그리라고 했다. 그렇게 해서 그림이 완성되자 혜원 스님은 『만불영명萬佛影銘』을 저술했고 스님의 부탁으로 사영운도 『불영명佛影銘』이라는 책을 썼다.

혜원 스님이 세상을 떠난 후 사영운은 『여산석혜원법사뢰廬山釋慧遠法師誄』를 편찬했다. 그 책에서 혜원 스님을 높게 평가하며 "내가 학문에 뜻을 둔 이후 그분의 마지막 제자가 되기를 동경했으나 아쉽구나! 이제 그 꿈이 멀어졌으니 그분이 영원히 세상에서 떠나심이라' 라고 했다.

사영운은 진심으로 혜원 스님을 존경하고 제자로서 예를 다했다. 그리고 자신이 혜원 스님의 마지막 제자가 되기를 원했다. 두 사람의 긴밀한 교제로 보았을 때 사영운은 혜원 스님의 명실상부한 사숙 제자라 할 만하겠다.

5장. 일정한 생업이 없는 사람은 일정한 마음이 없다

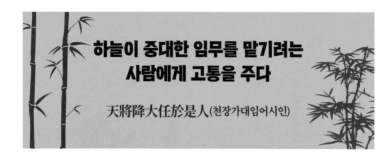

하늘이 중대한 임무를 맡기려는 사람에게 고통을 주다

天將降大任於是人(천장가대임어시인)

하늘이 어떤 사람에게 중대한 임무를 맡기려고 할 때는 반드시 마음에 고통을 주고 육체적인 고통을 주며 배고픔을 겪도록 한다. 또한 가난에 처하게도 하고 하는 일마다 순조롭지 못하게 한다. 그러나 이로써 그 사람은 마음에 도전을 받아 참을성을 기르며 재능을 키울 수 있게 된다.

───────────

맹자는 이 이야기를 하면서 순임금과 부설·교격·관중·손숙오·백리해의 예를 들었다. 이들은 모두 어려운 환경에서 고된 시련을 겪고 크게 성장한 사람들로 여기서 교격을 제외한 나머지 사람들의 이야기는 잘 알려져 있다.

교격은 은殷 주왕紂王 시대의 사람으로 생선과 소금을 팔아 생계를 꾸려갔던 사람이다. 그러던 중에 주나라 문왕이 교격의 재능을 발견하고서 은 주왕에게 그를 추천했고 교격은 곧 은나라의 관리로 임명되었다. 이후 주 무왕이 은 주왕을 치려고 군대를 일으켜 유수鮪水까지 쳐들어왔다. 그러자 은나라 조정은 교격을 무왕에게 사신으로 보냈다. 교격은 무왕을 만나 "어디로 가십니까? 부디 속이지 마시고 말씀해주십시오."라고 말했다. "속이지 않을 것이오. 우리는 주왕이 있는 조가朝歌로 갈 것이오." "그렇다면 언제 도착할 것입니까?" "갑자일甲子日에 조가의 교외에 도착할 것이오. 돌아가 이 말을 전해도 좋소."

한편 교격이 떠난 후 날이 궂어져 비가 내리더니 이튿날이 되도록 그칠 생각을 하지 않았다. 무왕이 병사들에게 멈추지 말고 계속 행군하라고 명령하자 장군들이 무왕에게 주청했다. "병사들은 이미 지쳤습니다. 잠시 쉬다가 출발하시는 것이 어떨는지요?" 그러나 무왕은 "이미 교격에게 내가 갑자일에 조가의 교외에 도착할 것이라 말했고 그는 이미 주왕에게 내 말을 전했을 것이오. 만약 우리가 그날에 도착하지 않는다면 교격은 신뢰를 잃어 주왕에게 죽임을 당할 것이오. 내가 이리 서두르는 것은 교격을 살리기 위함이오."라고 말하며 길을 재촉했다.

무왕이 이끄는 군대는 정확히 갑자일에 조가의 교외에 도착했고 주왕을 물리쳤다. 나중에 이 사실을 알게 된 교격은 무왕의 신하가 되어 그를 보좌했다.

　전국시대, 오자서伍子胥 부자는 초나라 왕에게 의심을 받았다. 얼마 후 부친과 형은 화를 피하지 못해 죽임을 당했고 오자서만 간신히 빠져나와 다른 나라로 도망갔다. 그는 처음에는 송나라로 도망갔다가 다시 정나라로 옮겨갔다. 그렇게 여러 나라를 다녔는데도 오래 머물 만한 나라를 찾지 못했다.

　마지막으로 그는 오나라로 숨어 들어갔다. 정나라에서 빠져나온 후로는 사람들의 눈에 띄지 않으려 낮에는 숨고 밤에만 움직여서 겨우 오나라에 도착할 수 있었다. 하지만 하늘이 큰일을 맡길 때는 그 전에 시련을 주신다고 했던가? 비록 무사히 오나라에 들어오기는 했지만 아무도 이 초라한 영웅을 알아보지 못했다. 결국 배고픔을 견디지 못한 오자서는 어쩔 수 없이 무릎을 꿇고 사람들에게 남은 밥을 동냥하기까지 해야 했다.

　이렇게 오자서는 초나라에서 도망쳐 나온 후로 이곳에서 잊혀가는 듯했다. 그러나 얼마 후 오나라의 공자 광光이 오자서가 오나라에 왔다는 이야기를 들었다. 그는 전부터 오자서가 크게 쓰일 인재라는 것을 알고 있었다. 하지만 용맹하고 능력 있는 독수리 같은 오자서가 과연 시련에 어떻게 대처할지 지켜보려 그와 만날 날을 미뤘다.

　그로부터 얼마 지나지 않아 그는 마침내 오자서가 오왕吳王 료僚를 알현할 수 있게 해주었다. 오왕을 만난 오자서는 기다렸다는 듯이

하늘이 중대한 임무를 맡기려는 사람에게 고통을 주다

초나라를 칠 것을 권유했지만 뜻밖에도 오왕에게 꾸중만 듣고 나와야 했다. 자리를 빠져나온 오자서는 그 길로 공자 광을 찾아가 그의 부하가 되었다. 그는 공자 광이 왕위를 쟁탈할 야심을 품은 인물이라는 걸 알아차렸던 것이다.

오자서는 공자 광에게 전제專諸라는 유명한 자객을 바치는 한편 자신은 산에 들어가 농사를 지으면서 때를 기다렸다. 그러고는 공자 광이 왕위에 오르고 난 후에야 비로소 산에서 나왔다. 그 후 구 년 동안 오자서는 손무孫武와 함께 초나라를 공격할 책략을 내놓았고 마침내 초나라의 수도 영도郢都를 공격해 당시 최고의 강대국이었던 초나라를 멸망시켰다.

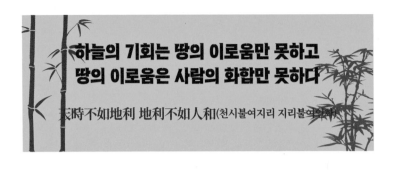

하늘의 기회는 땅의 이로움만 못하고 땅의 이로움은 사람의 화합만 못하다

天時不如地利 地利不如人和 (천시불여지리 지리불여인화)

맹자께서 말씀하시길 "하늘이 내린 기회는 지세의 유리함만 못하고 지세의 유리함은 사람의 화합만 못하다. 너비가 3리里인 성과 둘레가 7리에 달하는 성곽을 포위하고 공격하는데도 이기지 못할 때가 있다. 성을 포위하고 공격하기 위해서는 반드시 하늘의 때와 맞아떨어져야 하기 때문이다. 그럼에도 이기지 못하는 것은 하늘의 때가 지세의 유리함만 못한 까닭이다. 또 성은 높고 해자는 깊으며 무기도 튼튼하고 날카로우며 양식도 풍족하다. 그럼에도 적이 공격해오자 금세 성을 버리고 도망가는 것은 지세의 유리함이 사람의 화합만 못한 까닭이다."라고 하였다.

하늘과 땅, 사람 간의 관계는 예부터 지금까지 사람들이 줄곧 관심을 기울여 온 문제이다. 순자荀子는 농업 생산을 예로 들어 하늘의

때와 지형의 유리함과 사람의 화합에 대해 설명한 적이 있다. 하지만 어느 것이 더 중요한지는 설명하지 못하고 그저 세 가지 모두 중요하다고 했다. 후대의 맹자는 군사적인 것을 예로 들어 이 세 가지의 관계를 설명했는데 그 해석이 명쾌하다.

"하늘의 때는 지형의 이로움만 못하고 지형의 이로움은 사람의 화합만 못하다." 세 가지 가운데 사람의 화합이 가장 중요하고 일에서 결정적인 요소이며 지형의 이로움이 그 다음, 그리고 마지막이 하늘의 때라는 것이다. 이는 '사람의 능동적인 태도'에 대한 맹자의 생각과 일맥상통한다.

가장 중요한 '사람의 화합'에서 출발한 맹자는 "도를 얻은 사람은 도와주는 이가 많고 덕을 잃은 사람은 도와주는 이가 적다."라는 결론까지 도달했다. 비록 군사적인 예를 들며 시작했지만 결국은 맹자가 항상 강조하는 인정이 포함된다. 맹자의 주장대로라면 영토에 경계를 둔다 해도 백성이 밖으로 빠져나가는 것을 막지 못하고 산천이 험준하다 해도 반드시 나라가 안전하지 않다. 그러므로 닫혀 있으려 하는 나라는 살아날 방법이 없다.

오로지 끊임없이 개혁하고 개방하고 자신의 힘을 길러야 한다. 그리고 백성이 즐겁고 편안하게 살도록 노력해야 한다. 이렇게 했을 때야 비로소 도와주는 이가 많아져 천하의 모든 백성이 왕에게 복종하게 된다.

　　원元나라 말기 원 조정에 저항하던 남방 세력이 첫 승리를 한 후 주원장朱元璋과 진우량陳友諒의 갈등은 더욱 깊어졌다. 1360년 윤閏 5월 초하루 진우량은 십만 대군을 이끌고 주원장이 있는 지주池州로 쳐들어가 태평太平을 공격했다. 그리고 장사성張士誠과 연합해 주원장을 압박했다. 그 소식을 접한 주원장은 7월 초엿새에 직접 이십만 대군을 이끌고 나가 홍도洪都를 구하고 16일에는 파양호鄱陽湖까지 진출했다. 이에 진우량은 파양으로 옮겨 전투를 벌일 계획을 세웠고 두 군대는 강랑康郞에서 마주쳤다.

　　진우량의 군대는 하늘이 내려준 시기를 누리며 지리적으로도 우세했지만 어찌 된 일인지 자꾸만 패전을 거듭했다. 이미 대세가 기울었다고 판단한 진우량 휘하의 장군들은 하나둘씩 몰래 주원장에게 투항하기 시작했다. 병사들의 사기 역시 바닥까지 내려간 상태였다. 주원장은 이 기회를 놓치지 않고 진우량에게 투항하라는 편지를 보냈다. 화가 머리끝까지 치밀어 오른 진우량은 포로들을 마구 죽여 댔다. 하지만 주원장은 그와는 반대로 포로를 풀어주고 부상당한 포로는 치료해주었으며 죽은 포로를 위해 애도했다. 이런 주원장을 본 백성들은 그를 신뢰했다.

　　8월 26일 진우량이 군대는 식량이 부족해 병사들은 굶주리게 되었다. 그래서 위험을 무릅쓰고 포위망을 뚫으려 시도했으나 곧 다시 주원장의 군대에 둘러싸였다. 주원장이 사방에서 공격해오자 진우량의 군대는 그저 허둥지둥 도망치기에 바빴다. 그리고 진우량은 그 혼란한 와중에 결국 경강涇江 입구에 매복한 주원장의 병사가 쏜 화살을 맞고 죽음을 맞이한다. 평장平章 진영陳榮은 다음날 부상병 오만여 명을 이끌고 주원장에게 투항했고 태위 장정변張定邊과 진우량의 아우 진리陳理는 무창武昌으로 도망갔다가 다음해 2월에 투항했다.

파양호 전쟁은 소수가 다수를 이긴 대표적인 전쟁으로 역사에 기록되었다. 그 후 주원장은 강남을 통일하며 차츰 명나라를 세울 토대를 닦았다.

왕이 좌우만 보고
딴 것만 말하다

王顧左右而言他(왕고좌우이언타)

맹자가 "사법관이 자신의 부하를 잘 관리하지 못하면 어떻게 해야 합니까?"라고 물으니 제 선왕이 말했다. "관직에서 물러나도록 해야 하오." 맹자가 다시 물었다. "한 나라를 잘 다스리지 못하면 어떻게 해야 합니까?" 그러자 제 선왕은 고개를 돌려 다른 사람들을 쳐다보며 화제를 다른 데로 돌렸다.

맹자는 다른 사람과 논쟁할 때 교묘하게 함정을 파놓고 상대방이 사고를 바꿀 때까지 인내하는 사람이었다. 대화를 하면서 상대방이 점점 자신이 파놓은 함정에 들어가게 해서 꼼짝 못하게 만드는 것이었다.

어느 날 맹자가 제 선왕에게 물었다. "만약 신하가 멀리 초나라로 가게 되어 친구에게 자신의 부인과 자녀를 부탁했습니다. 그런데 돌아와 보니 자신의 가족이 굶주리고 추위에 떨고 있다면 그 친구는 자신의 책임을 다하지 못한 것이 됩니다. 이럴 때는 어떻게 해야 합니까?" "그 친구와 절교해야 하오."

"그렇다면 법의 집행을 맡고 있는 사법관이 자신의 부하조차 제대로 관리하지 못한다면 어떻게 해야 합니까?" "그 자리에서 물러나게 해야 하오!"

"나라 안의 정치가 혼란스럽고 백성이 마음 놓고 살아가지 못한다면 이는 어떻게 해야 합니까?" 선왕은 그제야 맹자가 말하고 싶은 것이 바로 자신의 일이라는 것을 알아챘다. 그러나 선왕은 못 들은 척하고 주위 대신들을 돌아보며 다른 화제로 넘어갔다.

─────────── **지혜가 꼬리를 무는 역사 이야기** ───────────

동방삭東方朔은 서한시대의 문학가로 사부辭賦(중국 전국시대에 기원한 고대의 문체文體)에 능했다. 한 무제가 왕위에 오른 후 인재를 불러 모으자 동방삭도 글을 써서 올리고 관직에 올랐다.

그 후 상시랑常侍郎·태중太中대부 등 관직에 있었던 동방삭은 익살맞고, 청산유수 같은 말솜씨를 자랑할 뿐만 아니라 아주 지혜로워 자주 한 무제와 담소를 나눴다. 하지만 단순히 왕과 즐겁게 대화만 나누었던 것이 아니었다. 『한서漢書 - 동방삭전東方朔傳』을 보면 '왕의 안

색을 살피며 적당한 때를 가려 간언했다.'고 기록되어 있다.

무제는 사치스러운 왕이었다. 그는 사냥하고 나서 휴식을 취할 곳이 필요하다며 상림원上林苑을 만들라고 명했다. 소식을 들은 동방삭은 그 명령은 백성들의 비옥한 땅을 빼앗고 국고를 비게 하므로 분명 나라를 망하게 할 것이라고 생각했다. 그래서 그는 정치의 득과 실을 따지며 농업과 전쟁으로 강국을 만들자는 책략을 제시했다. 그러나 그를 단지 어릿광대로만 여긴 무제는 그를 중용 하지 않고 의견도 무시했다.

이에 동방삭은 자신의 의지와 불만을 표현하고자 『답객난答客難』과 『비유선지론非有先生論』을 써냈다. 비록 동방삭은 해학적인 표현으로 기술했지만 그의 말은 깊이가 있고 그 속에 예리한 뜻이 숨겨져 있었다. 그는 단순히 아부하는 것이 아니라 한 무제의 마음을 헤아렸다. 게다가 그의 따끔한 지적은 다른 대신들은 감히 따라할 수 없는 것들이었다. 확실한 한 사례를 들어 보자.

한 무제의 모친 두竇 태후는 사치가 심하며 동언董偃을 총애했다. 그래서 조정 대신들은 모두 동언과 알고 지내는 것을 영광으로 여겼고 한 무제도 동언을 위해 큰 연회를 열어주었다. 하지만 이를 못마땅하게 여긴 동방삭은 '나라의 도둑이요, 백성을 좀먹는 해충'이라며 동언을 비난했다. 결국 무제는 어쩔 수 없이 연회를 취소했다.

이 일이 있은 후 하루는 한 무제가 동방삭에게 물었다. "당신은 내가 어떤 왕이라 생각하오?" 그때 동방삭은 자신의 뜻과 다르게 왕

에게 아첨하지 않으려고 주위 사람들을 보며 화제를 바꿔 왕의 질문
에 대답하지 않았다. 그의 지혜를 엿볼 수 있는 순간이었다.

5장. 일정한 생업이 없는 사람은 일정한 마음이 없다

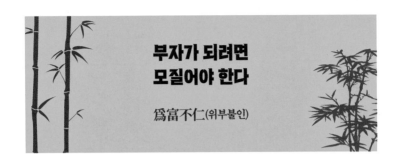

부자가 되려면 모질어야 한다

爲富不仁(위부불인)

그러므로 현명한 왕은 반드시 공손하고 검소하며 아랫사람을 예로 대하고 백성에게 일정한 세금만 받았다. 양호는 "부자가 되고자 하면 선해질 수 없고 선한 사람이 되고자 하면 부자가 되지 못한다."라고 말했다.

―――――――――――

전국시대 각 나라의 제후들은 너도나도 땅을 넓힐 욕심으로 새로운 땅을 찾고 있었다. 큰 나라의 제후들은 멋대로 출병해 작은 나라의 땅을 빼앗거나 아예 나라를 없애버리곤 했다. 등나라는 원래부터 내부가 혼란스러웠으나 등 문공이 왕위에 오른 후 상황이 더욱 악화되었다. 국고는 비고 민생은 피폐해졌으며 사방의 강국들이 호심탐탐 등나라를 노렸다.

상황이 이러하니 등나라는 그야말로 '풍전등화'였다. 등 문공은 이러한 혼란을 잠재우고자 맹자에게 강국이 되는 방법에 대해 가르침을 구했다. 자리에 함께 앉은 후 맹자가 입을 열었다. "이 늙은이는 비록 보잘 것 없는 사람이지만 폐하께서 물을 것이 있으시다면 기쁜 마음으로 최선을 다해 대답하겠습니다."

그러자 문공이 깊은 한숨을 내쉬며 말했다. "선생은 대학자요, 현인이기에 오늘 이렇게 모셨소. 아시다시피 지금 우리 등나라는 군대가 매우 약하고 나라가 큰 어려움에 처해 있소. 선생은 우리가 부강해지고 다른 나라의 괴롭힘을 받지 않으려면 어떻게 해야 한다고 생각하시오?" 등 문공의 간절한 표정을 본 맹자는 솔직하게 말했다. "백성은 나라의 근본입니다. 나라를 나무에 비유한다면 백성은 뿌리입니다. 뿌리가 튼튼해야 가지와 줄기가 잘 뻗고 잎이 무성해지며 건강한 나무로 자랄 수 있는 것입니다."

"그렇다면 어떻게 해야 뿌리를 튼튼하게 할 수 있소?" "인정을 베푸시면 됩니다. 공자는 어진 사람은 사람을 사랑한다라고 했습니다. 백성을 사랑한다면 그들에게 혹독한 노역을 시키거나 그들의 재물을 축내서는 안 됩니다. 그리고 마음 내키는 대로 세금을 더 거둬도 안 됩니다. 백성이 안심하고 생활할 수만 있다면 '나라가 가난해지지는 않을까?' 하고 걱정하진 않을 것입니다. 양호陽虎는 부자가 되려면 모질어야 한다고 말하지만 그것은 말도 안 됩니다. 한 나라의 왕은 인의를 내세워야만 백성과 나라를 사랑할 수 있고 또 그렇게 해야만 백성이 나라를 위해 충성을 다하게 됩니다. 만약 왕이 폭정을 해서 백성

5장. 일정한 생업이 없는 사람은 일정한 마음이 없다

의 원망하는 소리가 높아진다면 백성들은 왕에게 충성을 다하지 않을 것입니다."

등 문공은 크게 고개를 끄덕이며 앞으로 널리 인정을 베풀어야 겠다고 결심했다.

────────── **지혜가 꼬리를 무는 역사 이야기** ──────────

서진시대 당대에 유명한 문인이었던 왕융王戎은 완적阮籍 등과 더불어 죽림칠현竹林七賢(중국 위魏·진晉의 정권 교체기에 정치와 권력에는 등을 돌리고 죽림에 모여 거문고와 술을 즐기며 청담淸談으로 세월을 보낸 선비 7명을 가리킴)으로 불렸다. 하지만 일단 관직에 오르자 왕융은 탐욕에 눈을 떠 재산을 모으는 데만 혈안이었다. 그가 점차 탐관오리가 되어가는 모습을 보면서 사람들은 큰 실망감을 감추지 못했다.

왕융은 상서좌복야尙書左僕射 겸 영사부領史部로 있을 때 관리를 선발하기 전에 먼저 그 사람에게 작은 지역의 관리일을 맡겨 역량을 판단하는 '갑오甲午' 제도를 만들었다. 사람들은 빨리 높은 자리에 올라가려고 앞다투어 왕융에게 뇌물을 건넸고 왕융이 뇌물을 받아준 사람은 곧 좋은 자리에 올랐다.

게다가 왕융은 권력을 이용해 전국 각 지역에 자신의 밭을 만들었고 여기저기서 거둬들인 돈이 그의 집 곳곳에 차고도 넘쳤다. 하지만 왕융은 여전히 만족하지 못하고 밤마다 부인과 무릎을 마주대고 앉아 어떻게 하면 더 돈을 많이 끌어 모을 수 있을지 궁리했다.

한번은 그의 딸이 시집갈 때 몇 만 전을 빌려가서는 한참이 지나도 갚지 않았다. 친정에 잠시 다니러 온 딸은 부친의 안색이 좋지 않은 것을 보고 자신이 돈을 갚지 않아 부친이 화가 났다는 사실을 알아차렸다. 그래서 그녀는 곧 남편을 데리고 시댁으로 돌아갔다. 딸이 돌아가자 왕융은 그제야 인상을 풀고 입가에 미소를 띠었다.

왕융이 돈 때문에 모질어졌다는 것을 가장 잘 보여주는 사례는 바로 자두 씨에 구멍을 뚫은 사건이다. 왕융의 집 마당에는 자두나무가 있었는데 잘 익으면 맛이 아주 좋아서 왕융은 이것을 따다가 시장에 내다 팔고는 했다. 그러던 어느 날 왕융은 다른 사람이 자신의 자두 씨를 가져갈까 봐 자두마다 구멍을 뚫고 심지어 자두 씨에까지 구멍을 뚫었다. 이 이야기에서 재산을 불리려는 그의 탐욕스러움이 양호의 말처럼 '인자함을 내버리는' 지경까지 갔다는 것을 잘 알 수 있다.

물고기를 깊은 못에 몰아넣고 참새를 숲 속으로 몰아넣다

爲淵驅魚 爲叢驅雀 (위연구어 위총구작)

그러므로 물에서 물고기를 모는 것은 수달이고 숲에서 참새를 모는 것은 매다. 탕왕과 무왕에게 백성을 몰아다 준 것은 하나라의 걸왕桀王과 상나라의 주왕紂王이다.

어느 날 맹자의 제자들 사이에 하나라와 상나라가 망하게 된 이유를 놓고 격렬한 논쟁이 일어났다. 한 제자는 이 나라들이 멸망한 것은 하늘의 뜻이었으니 사람의 힘으로는 거스를 수 없었다고 주장했다. 그러자 다른 제자가 즉각 반박하며 "망한 것은 분명 사람의 뜻이지 어찌 하늘의 뜻이라 하는가! 하늘의 뜻이었을지라도 일은 사람을 통해서 이루어지는 법이라네."라고 주장했다.

어느 쪽도 물러날 기미가 보이지 않자 그들은 결국 맹자를 모셔

물어보았다. 맹자는 양쪽의 주장을 자세히 듣고 말했다. "걸왕과 주왕이 망했던 것은 하늘의 뜻이 아니라 민심을 잃었기 때문이다. 백성의 지지를 잃은 왕은 망할 수밖에 없다." 그러자 한 제자가 의문을 표시했다. "주왕이 녹대鹿台(주왕이 재물을 저장한 장소)를 만들려고 했을 때 백성들은 이를 찬성하지 않았지만 어쩔 수 없이 만들지 않았습니까?" "녹대는 만들어졌지만 백성들은 그 일로 주왕에게 분노했고 주왕은 결국 자살하고 말았다. 이렇게 보면 녹대를 만든 것은 주왕에게 결코 좋은 일이 아니니라." 그리고 맹자는 계속해서 말을 이어나갔다. "내가 예를 하나 들겠다. 백성이 선한 왕을 좋아하고 인정을 환영하는 것은 자연스러운 현상이다. 이것은 마치 물이 낮은 데로 흐르고 짐승이 넓은 곳으로 달려가는 것과 같은 이치다. 물고기가 깊은 물에 숨어 있으면 수달이 물고기를 잡을 수 없다. 하지만 물고기를 깊은 곳으로 몰고 가는 것 역시 바로 수달 자신이지. 또한 참새가 숲 속에 숨어 있으면 매가 찾을 수 없다. 하지만 이 역시 참새를 깊은 곳에 숨게 만든 장본인은 바로 매다. 이처럼 상나라의 탕왕과 주나라의 무왕에게 백성들이 몰려들게 한 것도 바로 걸왕과 주왕이다. 만약 인정을 베풀고 백성을 사랑하는 왕이 있다면 폭군 밑에 있는 다른 나라 백성들이 모두 그 왕에게 몰려갈 것이다. 이렇게 되면 천하의 왕이 되고 싶지 않아도 자연히 될 수밖에 없지."

제자들은 맹자의 말을 듣고 감탄을 금치 못했다.

5장. 일정한 생업이 없는 사람은 일정한 마음이 없다

삼국시대 왕윤王允은 연환계連環計('고리를 잇는 계책'이라는 뜻. 여러 계
책을 교묘하게 연결시킨다는 의미)를 사용해 마침내 동탁董卓을 죽였다. 당시
진류陳留·영천潁川 등지에서는 우보牛輔·이각李傕·곽사郭汜 등 동탁 휘
하에 있던 장군들이 여전히 약탈을 일삼고 있었다. 그러다가 동탁이
죽었다는 사실을 들은 그들은 자기 한 몸 지키기에 급급했다.

한편 여포呂布는 왕윤에게 "동탁이 남긴 유산을 조금 떼어서 공
을 세운 장군들에게 상으로 주는 것이 어떻겠습니까?"라고 제안했다.
그러나 왕윤은 동의하지 않았다. 그때 이각을 포함한 동탁의 부하들
이 왕윤에게 사죄하면서 용서해달라고 간청했다. 그들을 용서하려던
왕윤은 갑자기 마음을 바꿔 그들을 강제로 무장해제 시키려 했다.

이러한 왕윤의 행동은 그야말로 자기편이 될 수 있는 사람도 적
으로 만들어버리는 행동이었다. 시간이 흐르면서 동탁의 부하들이 하
나둘씩 이각과 곽사의 밑으로 모여들었다. 이에 왕윤은 양주凉州에서
가장 유명한 두 사람을 그들에게 사자로 보내 투항하라고 명령했다.
그러나 이 두 사람은 오히려 도중에 왕윤을 배신하고서 함께 길을 떠
난 사람들과 말까지 모두 데리고 이각 밑으로 들어갔다.

무위武威 사람 가후賈詡가 이각에게 계책을 내놓았다. "여러분이
이렇게 가시면 틀림없이 붙잡힐 것입니다. 차라리 군대를 모아 장안長
安을 공격하는 것이 어떻습니까? 이기면 조정을 장악할 수 있고 진다

고 해도 그때 도망가도 늦지 않습니다."

이각 등 동탁의 부하들은 어차피 죽음을 두려워하는 사람들이 아니었다. 그들은 가후의 이야기를 듣고 당장 군사 수천여 명을 모아 장안으로 쳐들어갔다. 그리고 6월, 마침내 이각과 곽사의 군대가 장안을 장악했고 그 과정에서 죽거나 다친 사람의 수가 만여 명을 넘었다.

남의 비판을
기꺼이 받아들이다

聞過則喜(문과즉희)

맹자께서 말씀하시길 "자로는 다른 사람이 그의 잘못을 지적하면 기뻐했고 우임금은 선한 말을 들으면 절을 했다. 위대한 순임금은 이들보다 더 대단해 선한 일은 다른 이와 함께 나누고 잘못된 점은 고치며 다른 사람의 장점을 배웠다. 그리고 다른 사람의 장점을 배워 자신의 덕을 쌓는 것을 좋아했다. 순임금은 농사짓고 도자기 굽고 고기잡이하던 때부터 천자가 될 때까지 다른 사람에게서 장점을 배우지 않은 적이 없었다. 그리고 다른 사람의 장점으로 자신의 덕을 쌓고 또한 다른 사람들이 덕을 쌓을 수 있도록 도와주었다. 군자에게는 다른 사람이 덕을 쌓을 수 있도록 돕는 것만큼 좋은 일이 없다."라고 하였다.

맹자는 제자들과 함께 다른 사람이 잘못을 지적하면 어떻게 받

아들이느냐 하는 문제를 놓고 이야기할 때 자로와 우임금과 순임금의 예를 들었다.

자로는 춘추시대의 노나라 사람으로 성은 중仲이고 이름은 우由였으며 공자의 제자였다. 자로는 성실하고 솔직하며 용감한 사람이었다. 그는 다른 사람이 자신의 잘못을 지적해주는 것을 기꺼이 받아들이고 또 기쁘게 생각했다. 우임금은 하나라를 세운 전설 속 인물로 홍수를 다스렸다. 우임금은 요임금·순임금과 함께 시대를 거듭하며 사람들에게 칭송받는 고대의 성왕聖王이다. 겸손한 우임금은 사람들이 선한 말로 충고해줄 때마다 감격하며 절을 했다. 그리고 순임금 역시 전설 속 성왕으로 사람들은 그를 '대순大舜'이라 부른다. 우임금의 왕위는 바로 순임금이 물려주었다.

맹자는 다른 사람과 선을 나누고 다른 사람의 장점을 배워 자신의 덕을 쌓은 순임금이 우임금보다 더 위대하다고 말했다. 다른 사람과 선을 나눈다는 것은 성과나 장점을 자신의 것으로만 생각하지 않고 다 함께 공유한다는 것이다. 그리고 다른 사람의 장점을 취한다는 것은 자신의 잘못을 개선하고 다른 사람의 장점을 받아들인다는 것이다.

순임금은 역산曆山에서 농사를 짓고 하빈河濱에서 도자기를 굽고 뇌택雷澤에서 물고기를 잡았다. 그는 농부·도자기공·어부에서 천자가 되기까지 자신의 모든 장점을 다른 사람에게서 배웠다. 이렇게 순임금은 다른 사람의 장점을 취해 자신을 발전시켰으며 또한 다른 사람을 위해 좋은 일을 많이 했다.

지혜가 꼬리를 무는 역사 이야기

삼국시대 촉한蜀漢의 승상 제갈량諸葛亮이 세상을 떠나자 장완蔣
琬이 그 뒤를 이었다. 장완은 평소처럼 냉정함을 잃지 않고 높은 자리
에 올랐다고 해서 일부러 위엄 있게 행동하려 하거나 기뻐하는 기색
을 내비치지 않았으며 평소와 다름없는 행동으로 대신들의 신임을 얻
었다. 장완은 성격이 온화하고 냉정하게 사고하는 사람으로 결코 감
정적으로 일을 처리하는 적이 없었다. 또한 다른 사람들과 협력하는
능력도 뛰어났다.

한편 동조연東曹掾 양희楊戲는 간단명료한 것을 좋아하고 말이
별로 없는 성격이었다. 장완이 그에게 질문을 해도 양희는 항상 아무
런 대답을 하지 않았다. 그래서 한 번은 주위 사람이 장완에게 "양희
는 승상께서 질문하시는데도 항상 대답을 하지 않으니 너무 거만한
태도 아닙니까!"라고 불평했다. 하지만 장완은 웃으며 말했다. "얼굴
이 다 다른 것처럼 마음도 다 같지 않다네. 예부터 겉으로는 따르는 척
하면서 마음속으로는 다른 뜻을 품는 것이야말로 가장 수치스러운 행
동 아닌가. 양희는 내 의견에 동의할 경우 의견이 다른 자신의 본심에
어긋나게 되고, 그렇다고 내 의견에 반박하면 내 잘못을 드러내는 것
이 되어 침묵을 선택한 거라네. 이것이야말로 양희의 성품을 잘 보여

남의 비판을 기꺼이 받아들이다

주지 않는가?"

어느 날 독농督農 양민楊敏이 뒤에서 장완을 헐뜯었다. "제대로 하는 일이 없고 전혀 이전 사람에 비할 바가 못 된다." 누군가가 이 말을 듣고 장완에게 전하며 양민의 무례함에 죄를 물을 것을 건의했다. 하지만 장원은 다른 사람의 비판을 기꺼이 받아들이며 "그의 말이 맞소. 나는 분명 이전 사람만 못하오. 그러니 일도 제대로 못할 수밖에 없소."라고 말했다. 그 후 양민이 죄를 지어 옥에 갇히자 사람들은 그가 틀림없이 죽게 될 것이라 생각했다. 하지만 장완은 그의 중죄를 면해주었다. 장완의 신중함과 온순함, 겸허한 태도는 제갈량과 비교해도 손색이 없었다.

일정한 생업이 없는 사람은
일정한 마음이 없다

無恒産者無恒心(무항산자무항심)

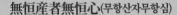

일정한 생업이 없어도 일정한 도덕적 관념과 행동을 지키는 사람은 선비밖에 없습니다. 그러나 백성들은 일정한 생업이 없으면 그로 말미암아 일정한 도덕적 관념이나 행동을 지키지 않습니다. 그래서 만약 생업을 갖지 못하면 백성들은 제멋대로 행동하게 됩니다. 그들이 죄를 지은 후 법으로 그들을 처벌한다면 이것은 마치 그물을 쳐두고 백성을 해치는 것과 같습니다.

어느 날, 제 선왕이 맹자에게 "어떻게 하면 인정을 베풀 수 있습니까?"라고 물었다. 이에 맹자는 "고정된 일이 없는데도 일정한 도덕석 관념과 행동을 지키는 사람은 선비밖에 없습니다. 그러나 백성들은 고정된 일이 없으면 그로 말미암아 일정한 도덕적 관념과 행동을

지키지 않습니다. 만약 고정적인 일이 없다면 그들은 곧 제멋대로 행동할 것입니다. 백성이 죄를 지은 후 법으로써 그들을 처벌한다면 그물을 쳐놓고 백성을 해치는 것과 같습니다. 선한 임금이 되려고 하면서 어떻게 그리할 수 있겠습니까? 그래서 현명한 임금은 백성들에게 생업을 마련해주고 반드시 부모를 봉양하게 하고 처자를 양육하게 합니다. 또한 풍년이면 내내 배불리 먹게 하고 흉년이더라도 굶어 죽지 않게 합니다. 그리고 그 다음에 백성들을 선한 길로 가게 한다면 백성들은 기꺼이 임금의 뜻을 따를 것입니다. 하지만 지금 백성들의 생업으로는 부모를 모시기 힘들고 처자를 먹여 살리기가 힘듭니다. 풍년이라고 해도 일 년 내내 고생하고 자칫 흉년이라도 들면 무수한 사람이 굶어 죽습니다. 자신의 생명조차 유지하기 힘든 마당에 어찌 예와 의를 따를 수 있겠습니까? 폐하께서는 인정을 행하려 하시면서 어찌 근본으로 돌아가지 않으십니까? 빈 땅에 뽕나무를 심으면 나이 쉰 살이 된 사람이 솜옷을 입을 수 있습니다. 또 개나 닭, 돼지 같은 가축을 기르면서 번식 기회를 놓치지 않으면 나이 일흔 살이 된 사람이 고기를 먹을 수 있습니다. 그리고 널따란 밭에서 농사할 시기를 놓치지 않으면 여덟 식구가 굶주리지 않을 수 있습니다. 또한 학교에서 효로써 부모를 모시고 어른을 존경해야 한다는 것을 반복해서 가르친다면 길에서 나이 든 사람이 짐을 지고 다니는 모습을 찾아볼 수 없을 것입니다. 노인이 솜옷을 입고 고기를 먹으며 백성이 굶거나 추위를 겪지 않는데도 천하를 통일하지 못한 예는 한 번도 본 적이 없습니다."라고

 5장. 일정한 생업이 없는 사람은 일정한 마음이 없다

말했다.

동한 영제靈帝 시대, 식견이 넓고 백성에게 신임 받는 유도劉陶
라는 관리가 있었다. 한 환제漢桓帝 영수永壽 3년(157년)에 어떤 사람이
'지금 백성이 가난한 이유는 화폐가 너무 가볍고 두께가 너무 얇은 까
닭이니 화폐를 새롭게 만드시옵소서.'라는 내용의 상소를 올렸다. 이
상소를 놓고 대장군·태위·사도司徒·사공司空 등 관리들과 태학太學의
현명한 학자들이 모두 모여 논의했다.

당시 태학생이었던 유도는 "지금의 문제는 화폐가 아니라 굶주
림에 있습니다. 지금 먹을 것이 없어 백성들이 무수히 굶주리고 있습
니다. 풍족했던 곡식은 벌레가 전부 먹어버렸고 백성들이 천을 만들
어내면 조정과 관리들이 다 가져가 버립니다. 자고로 백성은 일정한
생업이 없으면 도덕적인 신념이나 행동을 지키지 않게 마련입니다.
설령 모래와 자갈로 황금을 만들고 기와 조각으로 백옥을 만드는 능
력이 있을지라도 마실 물이 없고 먹을 밥이 없어 백성들이 폭동을 일
으킨다면 막을 도리가 없습니다. 한 사람이 괴로운 백성들을 선동해
혼란을 일으켰을 때 그깟 화폐로 일을 해결할 수 있겠습니까?"라고
상소를 올렸다.

결국 유도의 의견이 받아들여져 화폐는 다시 만들지 않았다. 그

후 유도는 현령縣令·시어사侍御史·상서령尚書令·전임시중轉任侍中의 자리에 올랐고 또 경조윤京兆尹·간의대부諫議大夫 벼슬을 지냈다. 나중에 유도가 병이 나 순양順陽현령 자리에서 물러났을 때 그 지역 관리들과 백성이 모두 그를 그리워했다. 그리고 그를 위한 노래를 만들어 함께 불렀다.

읍연불락 泣然不樂	근심으로 즐겁지가 않네.
사아유군 思我劉君	나는 유도 현령을 그리워하네.
하시복래 何時複來	언제 다시 돌아와
안차하민 安此下民	백성들을 편안하게 할꼬.

5장. 일정한 생업이 없는 사람은 일정한 마음이 없다

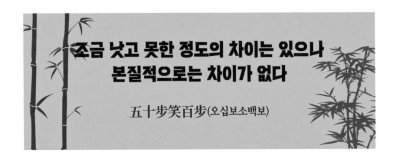

어떤 이가 백 보를 도망한 후에 멈추고 어떤 이는 오십 보를 도망한 후에 멈춰 섰습니다. 만약 자신은 오십 보만 도망갔다고 하며 백 보 도 망한 자를 비웃는다고 하면 어떻겠습니까?

─────────────

전국시대 각 제후국은 모두 합종연횡하며 원교근공의 정책을 펼쳤다. 전쟁은 끊이지 않았고 각 나라 백성의 어려움은 이루 형용할 수가 없었다. 양 혜왕도 항상 전쟁을 벌여 백성은 편할 날이 없었다.

맹자가 양梁나라로 와서 혜왕을 만났다. 혜왕이 맹자에게 말했 다. "짐은 최선을 다해 나라를 다스리고 백성을 사랑하는데 더는 백성 이 늘어나지 않으니 어찌 된 까닭인지 모르겠소."

맹자가 대답했다. "폐하께서 전쟁을 좋아하시니 제가 전쟁에 비유해 말씀드리겠습니다. 전장에서 두 군대가 서로 대치하는 상황에 전투가 시작된다고 알리는 북이 울렸습니다. 두 군대는 용감하게 치고 나와 서로 죽고 죽이기 시작했습니다. 격렬하게 싸우다가 이기는 쪽이 갑자기 기세를 몰아 맹렬하게 덤벼들자 지고 있던 쪽은 갑옷을 벗어 몸을 가볍게 한 채 무기를 들고 도망갔습니다. 도망가는 병사 가운데 달리기가 빠른 이가 있어 백 보를 달리다가 멈춰 섰습니다. 그리고 어떤 병사는 발이 느려 오십 보만 달리고 멈춰 섰습니다. 이때 발이 느린 병사가 자신은 오십 보만 도망쳤다면서 백 보 도망친 병사를 비웃는다면 폐하께서는 이것이 옳다고 생각하십니까?"

"틀렸소. 단지 오십 보가 차이 날 뿐 그 또한 분명히 도망간 것 아니오!" 맹자가 고개를 끄덕이며 이제 혜왕의 처음 질문에 답했다. "폐하께서는 그러한 도리를 알고 계시면서 어찌 다른 나라보다 백성이 더 많기를 바라십니까?"

지혜가 꼬리를 무는 역사 이야기

동한 말기의 유명한 학자 채옹蔡邕은 박학하고 재능이 많은 사람으로 영제기靈帝紀부터 개인열전 42편에 이르기까지 한나라의 역사를 기록했다. 또한 그는 서예가로도 이름을 드날렸다.

당나라 때의 장언원張彦遠은 『서법요록書法要錄 - 필법전수인명筆法傳授人名』에 '채옹은 신에게 그의 재능을 내려 받아 최애崔瑗와 문희

文姬에게 물려주었고 문희는 종요鍾繇에게 물려주었으며 종요는 위부인衛夫人에게 물려주었다. 또한 위부인은 왕희지王羲之에게 물려주었고 왕희지는 왕헌지王獻之에게 물려주었다.'라고 기록했다.

동탁은 채옹이 재능 있는 인물이란 이야길 듣고 그에게 두 가지 중 하나를 선택하게 했다. 그의 밑으로 들어와 벼슬을 할지 아니면 가족이 모두 죽든지. 채옹은 하는 수 없이 동탁 밑에서 관리가 되었지만 일단 채옹을 들인 동탁은 그를 매우 존중했다. 그래서 채옹은 비록 동탁의 독단적이고 폭력적인 면까지 인정한 것은 아니었지만 그가 죽음을 당했을 때 자신에게 잘해줬던 일들을 떠올리며 애도를 표시했다. 그 결과 채옹은 왕윤의 분노를 사 옥에 갇히게 되었다.

채옹이 옥에 갇히자 조정 대신들이 앞 다투어 왕윤을 찾아가 채옹이 계속 한사를 편찬할 수 있도록 인정을 베풀어 석방해달라고 간청했다. 하지만 왕윤은 "한 무제가 사마천司馬遷을 죽이지 않은 탓에 결국 한나라를 비판하는 책이 세상에 남겨졌다. 지금 내가 채옹을 놓아준다면 단지 한나라를 비판하는 책이 한 권 더 생길 뿐이다."라고 말했다. 그의 대답은 동탁의 폭정과 전혀 다를 것이 없었다.

결국 채옹은 옥에서 죽었다. 사람들은 폭군 동탁이 죽었어도 다시 왕윤이 횡포를 부리며 자신들의 위에 군림하는 것을 보고 마음속으로 불만이 싹텄다.

그런 와중에 왕윤이 채옹을 죽이는 일이 생겼고 그로부터 두 달 후 동탁의 옛 부하들이 장안으로 공격해 들어와 왕윤을 잡고 가족들을 모두 죽여 버렸다. 그리고 왕윤의 시체를 성문 밖으로 끌고 나가 사람들에게 보여주었으나 아무도 묻어주는 이가 없었다.

부모를 잘 섬기고 공경하는
덕이 있는 자손이다

孝子賢孫(효자현손)

(요 임금의 아들) 단주丹朱나 순임금의 아들은 모두 왕이 될 재목이 아니어서 왕위를 이을 수가 없었다. 그래서 순임금이 요임금을 보좌하고 우임금이 순임금을 보좌했다. 그 기간이 길어지면서 백성들이 은혜를 입는 기간도 길어졌다. 한편 우임금의 아들 계啓는 매우 현명해서 우임금이 나라를 다스려오던 방법을 공경하는 마음으로 왕위를 이어나갔다. 그러나 익益은 우임금을 보좌한 날이 짧아 백성이 은혜를 입은 기간도 짧았다. 순임금·우임금·익이 그 전대前代의 임금을 보좌한 날의 길고 짧음과 그들의 아들이 능력이 있고 없음은 하늘의 뜻이므로 사람이 마음대로 결정할 수 있는 것이 아니다.

만장이 물었다. "사람들은 우임금 때 덕이 쇠퇴해 왕위를 현자

에게 주지 않고 아들에게 물려주었다고 말합니다. 정말 그렇습니까?"

맹자는 "그것은 사실이 아니다. 하늘이 현자에게 주고자 하면 현자에게 왕위를 주고 아들에게 주고자 하면 아들에게 왕위를 준 것이다."라고 하며 역사 이야기를 들려주었다.

순임금은 우에게 치수를 맡겼다. 십칠 년 이후 순임금이 세상을 떠나자 우는 삼년상을 치르고서 순임금의 아들이 왕이 될 수 있도록 양성陽城으로 떠났다. 하지만 우가 순임금을 보좌한 긴 시간 동안 많은 은혜를 입은 백성들은 모두 순임금의 아들이 아닌 우를 따라가려고 했다. 마치 요임금이 세상을 떠난 후 사람들이 요임금의 아들이 아닌 순임금을 따라간 것과 같았다.

결국 임금이 된 우는 익을 등용했다. 하지만 우임금도 칠 년 후 세상을 떠나고 말았다. 그러자 익 역시 우임금의 아들을 피해 기산箕山 북쪽으로 갔으나 이번에는 그가 우임금을 보좌한 시간이 짧아 백성들이 은혜를 입은 기간도 짧았다. 그리고 우임금의 아들 계는 현명했고 우임금의 방법을 엄격하게 계승해 제후들과 신하들은 익을 따라가지 않고 계를 따랐다. 그들이 "계는 임금의 아들이니 우리는 그를 따를 것이다."라고 말하자 천하 백성이 모두 익이 아닌 계를 찬양했다. 그 후 익이 군대를 일으켜 계에게 도전했으나 결국 패하여 죽고 말았다. 그리고 계는 하나라를 세워 대대로 이어 나갔다.

상나라 때는 이윤이 탕왕을 보좌했고 탕왕이 세상을 떠난 후에 태정太丁이 왕위를 잇기도 전에 죽었으며, 외병外丙은 왕위에 오른 지이 년, 중임仲壬은 사 년 만에 죽었다. 그 후 왕위에 오른 태갑太甲은 그동안 탕왕이 만들어놓은 규칙과 법을 무너뜨렸다. 그래서 이윤은 태갑을 동읍桐邑으로 추방했다. 삼 년이 지나 태갑이 죄를 뉘우치고 도읍에서 인과 의를 베풀며 이윤의 가르침을 성실하게 받아들이자 이윤은 다시 그를 박읍으로 불러들여 천자의 자리에 앉혔다.

맹자는 익과 이윤·주공周公이 비록 현인이었지만 걸왕과 주왕같이 천하를 얻을 자격이 없는 왕을 보좌한 것이 아니라 덕이 있는 왕밑에서 일했기에 천하를 다스릴 기회가 없었던 것이라고 생각했다. 하지만 맹자는 천하는 역시 현자가 얻는다고 여기고 공자의 말을 인용해 "요임금과 순임금은 현자에게 왕위를 넘겨주었고 하·상·조나라는 아들과 손자가 왕위를 이어받았으니 그 도리는 같다."라고 말했다.

─────── **지혜가 꼬리를 무는 역사 이야기** ───────

성도 무후사武侯祠에는 유비전이 우뚝 서 있고 그 안에는 금을 입힌 유비상像이 있다. 그런데 유비상 옆에 세워진 것은 유비의 아들 유선劉禪이 아니고 손자 유심劉諶이었다. 유선은 우둔해 가업을 이을 능력이 없다고 생각한 사람들이 송·명 대에 훼손된 그의 상을 다시 만들지 않은 것이다. 반면에 유심은 용감하고 나라를 위해 목숨을 바친 신성한 효자요, 손자라고 생각해 유비의 곁을 지킬 자격이 있다고 여겼다.

263년에 등애鄧艾가 군대를 이끌고 성도로 쳐들어왔을 때 유선과 대신들은 투항하기로 결정했지만 유심은 끝까지 저항하자고 주장했다. 그러면서 "만약 지략이 궁하고 힘이 다해 재앙이 닥치면 마땅히 아버님과 저, 그리고 대신들이 나서서 싸워야 합니다. 토지신과 곡신을 지키다가 죽는다면 지하에서 선제들을 볼 면목이나마 있지 않겠습니까?"라고 말했다. 하지만 그렇게 말해도 유선이 말을 듣지 않자 유심은 통곡하며 말했다. "만약 선제들께서 이루어놓은 것들이 무너진다면 저는 차라리 죽겠습니다." 하지만 그럼에도 유선은 궁을 나가 등애에게 투항했다.

그 소식을 듣고 분노한 유심은 먼저 부인 최씨와 세 자식을 죽이고 머리를 베어 유비의 사당에 바치며 땅에 엎드려 크게 울었다. "유가의 가업을 버린 자들이 부끄러워 제 처자식과 저의 목숨을 바쳐 조상님들께 드립니다! 만약 할아버지께서 영혼이 있다면 저의 마음을 알아주십시오!" 눈에서 피눈물이 날 때까지 울던 유심은 결국 스스로 목숨을 끊었다.

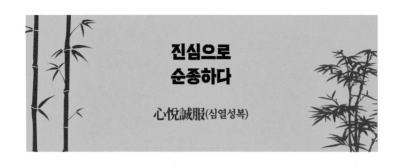

진심으로
순종하다

心悅誠服(심열성복)

힘으로 다스리면서 인정을 가장하는 사람을 '패자覇者'라고 부른다. 패자는 반드시 대국이라는 조건을 갖춰야 한다. 그리고 덕으로 인정을 베푸는 사람은 '왕'이라 부른다. 왕은 반드시 대국을 거느려야 할 필요는 없다. 상나라의 탕왕은 겨우 칠십 리밖에 안 되는 땅을 가지고도 왕이 되었고 문왕은 백 리에 걸친 땅을 가지고도 왕이 되었다. 힘으로 다른 사람을 복종시키면 그 사람은 마음으로 복종하는 것이 아니라 반항할 힘이 없으니 겉으로만 복종한다. 그러나 덕으로 다른 사람을 복종하게 한다면 그 사람은 기뻐하며 진심으로 복종할 것이다. 이것은 마치 공자의 제자 칠십 명이 공자를 진심으로 공경했던 것과 같다.

―――――――――

맹자는 정치적으로 공자와 뜻을 같이 한다. 심리전을 주장하고 부드러움으로 강함을 이기는 정치를 주장했다. 맹자는 "힘으로 다스리면서 인정을 가장하는 사람은 패자라고 부른다. 그래서 패자는 반드시 큰 나라를 거느려야 한다. 하지만 덕으로 인정을 베푸는 사람은 왕이라고 하며 왕은 반드시 큰 나라를 거느리지 않아도 된다. 탕왕도 겨우 칠십 리밖에 안 되는 땅을 가졌고 문왕도 백 리에 걸친 땅을 가졌다. 힘으로 다른 사람을 복종시키면 그 사람은 힘이 부족한 탓에 어쩔 수 없이 겉으로만 복종할 것이다. 하지만 덕으로 복종하게 한다면 그 사람은 진심으로 복종할 것이다. 이는 마치 공자의 제자 칠십 명이 공자를 마음으로 따랐던 것과 같다. 『시경』에 나오는 '서쪽과 동쪽, 남쪽과 북쪽에서 마음으로 따르지 않는 사람이 없다'는 말은 바로 이것을 말한다." 했다.

이 말은 공자가 『논어論語 - 자로子路』와 『논어 - 이씨李氏』에서 말한 것과 같은 것으로 힘이 아닌 덕으로 사람을 복종하게 해야 한다는 이야기이다.

—————————— **지혜가 꼬리를 무는 역사 이야기** ——————————

삼국시대 남방 부족을 이끄는 맹획孟獲이 군대를 일으켜 촉한에 대항하자 제갈량이 직접 처리하러 갔다. 제갈량은 맹획이 싸움에 능할 뿐만 아니라 그 지역 백성에게 큰 신임을 받고 있다는 사실을 알게 되었다. 그리하여 제갈량은 맹획을 사로잡기로 결심했다. 그는 군사들에게 맹획을 다치게 하지 말고 생포해오라는 명령을 내렸다.

제갈량은 지략이 뛰어난 인물이었다. 그는 촉나라 군과 맹획 군이 교전하게 되었을 때 일부러 패주하는 척했다. 맹획은 의심 없이 도망가는 촉의 군대를 쫓다가 촉나라 군의 포위망에 걸려들고 말았다. 맹획의 군대는 여기저기 뿔뿔이 흩어졌고 맹획은 생포되었다. 포로가 된 맹획은 이제는 살 길이 없겠다고 생각했다. 그런데 촉의 진영으로 들어가 보니 제갈량이 그를 풀어주면서 투항할 것을 권유하는 것이 아닌가? 하지만 맹획은 조금도 흔들리지 않고 "내가 비록 당신의 꾀에 넘어갔지만 어찌 마음까지 넘어갈 수 있겠는가?"라고 말했다. 이에 제갈량도 더는 강요하지 않고 그와 함께 말을 타고 진영 밖을 한 바퀴 돌았다. 그리고 그에게 촉의 군사들을 보여주며 돌아가서 다시 공격해보라고 말했다. 촉나라 장군들은 이런 제갈량의 행동을 이해할 수 없다는 표정이었다. 그러자 제갈량이 웃으며 말했다. "내가 그를 잡아들이는 것은 주머니에서 물건을 꺼내는 것만큼 쉬운 일이나 그를 진심으로 복종시켜야만 남방이 안정될 것이오."

이렇게 해서 쉽게 풀려난 맹획은 자신의 근거지로 돌아가 군대를 재정비하고 다시금 촉을 공격했다. 하지만 그는 본래 용맹하긴 하나 책략이 부족한 사람인지라 아무래도 제갈량을 이길 수는 없었다. 그는 다시 붙잡혀 제갈량 앞으로 끌려갔고 이번에도 제갈량은 투항을 권유했다. 그래도 맹획이 꿈쩍을 하지 않자 제갈량은 또다시 그를 놓아주었다. 이렇게 잡았다 놓아주기를 일곱 번이나 했다. 맹획이 일곱 번째 잡힌 날 제갈량은 다시 맹획을 놓아주려고 했다. 하지만 이번에는 맹획이 가려고 하지 않았다. 그는 눈물을 흘리며 "승상께서 나를 일곱 번이나 놓아주며 내가 마음을 바꾸기를 기다려주시니 이제는 제가 진심으로 따르겠습니다. 앞으로는 결코 반란을 일으키지 않겠습니다."라고 말했다.

맹획은 자기 근거지로 돌아간 후 각 부족을 설득해 투항시켰고 촉은 다시 남방 지역을 평안하게 다스릴 수 있었다.

처음
시작하는
맹자

6

나는
물고기도 좋고
곰 발바닥도
좋다

급하게 일을 서두르다
오히려 그릇되게 하다

揠苗助長(알묘조장)

어느 송나라 사람이 곡식의 싹이 빨리 자라지 않는 것을 걱정해 싹을 슬쩍 위로 뽑아 올렸다. 그러고는 피곤한 기색으로 집에 돌아와 가족에게 **"힘들어 쓰러지겠소. 내가 싹이 빨리 자라도록 했소!"** 라고 말했다. 아들이 서둘러 밭으로 가보니 곡식은 이미 말라죽어 있었다.

제 선왕은 왕위에 오른 이후 맹자를 제나라에 두 번 청했다. 맹자는 제나라가 왕도를 실천할 것이라고 굳게 믿었다. 맹자가 제나라에 올 때는 마차 수십 대와 사람들 수백 명이 함께 따라왔다. 선왕은 직접 맹자를 마중 나가 그를 국빈관인 설궁에 모시고 대부의 대우를 해주었다. 하지만 얼마 후 맹자의 모친이 세상을 떠나 맹자는 장례를 치르러 제나라를 떠났다.

기원전 314년에 맹자는 삼년상을 마치고 세 번째로 제나라를 방문해 계속해서 선왕에게 왕도를 가르쳤다. 그는 왕에게 "왕도를 실천하시려면 반드시 인정을 펼치셔야 합니다."라고 말했다. 그리고 항상 '의義'를 기억하라고 말했다. 하지만 의를 지키는 데는 특정한 목적이 있어서도 안 되고 규칙을 어기면서까지 의를 지키는 것은 안 된다고 했다. 그리고 이를 설명하고자 이야기를 하나 들려주었다.

　송나라에 한 성격 급한 농부가 살았다. 그는 자신의 밭에 곡식이 빨리 자라지 않는다고 항상 불평했다. 씨를 뿌린 후 겨우 3일째에 수확하려고 들 정도였다. 곡식은 매일 조금씩 자라는 법이지만 이 농부는 그것을 참고 기다릴 수가 없었다.

　어느 날, 갑자기 번뜩 생각이 떠오른 그는 곧장 밭으로 달려가 모든 싹을 조금씩 위로 잡아 당겼다. 온종일 그 일을 한 그는 날이 저물자 지친 몸을 이끌고 집으로 돌아왔다. 그는 집에 들어서자마자 가족에게 말했다. "오늘은 정말 힘든 하루였소. 내가 무엇을 했는지 맞춰보시오. 내가 밭의 싹을 자라게 만들었다오." 처음에 아들은 아버지가 무슨 소리를 하는 것인지 도통 알아듣지 못했지만 곧 정신을 차리고 허겁지겁 밭으로 달려가 보았다. 하지만 곡식은 이미 다 말라죽어 있는 상태였다.

송나라 때 금계金溪에서 대대손손 농사를 지으며 살아온 사람이 있었다. 그는 아들을 낳자 이름을 방중영方仲永이라 지었다. 방중영은 다섯 살이 될 때까지 붓이나 종이를 보지 못하고 자랐다. 그런데 어느 날 방중영이 울면서 아버지에게 붓과 종이를 사달라고 졸랐다.

이에 깜짝 놀란 아버지가 얼른 옆집에서 붓과 종이를 빌려와 아들에게 주자 방중영은 그 자리에서 시를 짓고 아래에 자신의 이름까지 적었다. 시는 부모님을 봉양하고 가족 간의 화목함을 이야기했고 문체가 화려하고 구상이 아주 세련되었다. 그래서 아버지가 그 시를 들고 주변의 문인을 찾아가 어떠냐고 보여주었더니 모두 깜짝 놀랐다.

그 후로 사람들이 방중영을 청해 종종 시를 쓰게 했는데 그는 늘 어려운 기색 하나 없이 척척 시를 써내려갔고 문체나 구상도 놀라울 정도로 훌륭했다. 사람들은 점점 방중영과 그의 아버지를 초대해 후히 대접하고 시를 받는 대신에 돈이나 선물을 주기 시작했다. 그러면서 이를 돈도 벌고 아들의 재능도 살릴 기회라 생각한 방중영의 아버지는 그때부터 매일 아들을 데리고 사람들을 찾아가 시를 쓰게 하고 보수를 받았다.

하지만 이렇게 눈앞의 이익에만 급급한 태도는 결국 아들의 재능을 사라지게 만들었다. 명노明道 연간에 방중영은 열두세 살 쯤 되었고 사람들은 여전히 그에게 시를 쓰게 했다. 하지만 그 솜씨가 과거만 못했다. 다시 육칠 년이 흐르자 방중영의 솜씨는 완전히 사라져 보통 사람과 다를 바 없게 되었다.

한 사람은 가르치고
여러 사람은 떠들며 방해하다

一傳衆咻(일부중휴)

한 제나라 사람이 그를 가르치지만 여러 초나라 사람이 방해한다면 매일 그를 때려가며 제나라 말을 가르친다고 해도 배울 수 없을 것이다. 만약 그를 제나라의 번화한 곳에서 몇 년 살게 한다면 매일 그를 때려가며 초나라 말을 가르친다고 해도 배울 수 없을 것이다.

전국 초기, 송 왕宋王 언偃은 인정을 베풀어 국가 대사를 잘 처리하고자 했다. 그래서 인정을 주장하는 맹자는 송나라를 방문했다. 하지만 왕 밑에 현명하고 덕이 있는 신하가 적은 것을 본 맹자는 크게 실망해 다른 나라로 떠나려 했다. 그 소식을 들은 왕은 대불승戴不勝을 보내 맹자에게 남아줄 것을 설득하고 나라를 다스리는 법에 대해 가르침을 구했다.

맹자는 대불승에게 물었다. "송나라의 왕이 나라의 대사를 잘 처리하고자 하십니까? 그렇다면 제가 하나 묻겠습니다. 만약 초나라의 대부가 자신의 자녀들에게 제나라 말을 가르치려 한다면 제나라 사람에게 가르치도록 하겠습니까? 초나라 사람에게 가르치도록 하겠습니까?"

이에 대불승이 대답했다. "당연히 제나라 사람에게 가르치도록 해야겠지요." 그러자 맹자가 말했다. "하지만 제나라 사람 한 명이 그를 가르친다 해도 주위에서 여러 초나라 사람이 방해한다면 매일 그를 때려가며 공부 시켜도 제나라 말을 배우지 못할 것입니다. 그러나 만약 그를 제나라의 가장 번화한 곳에서 몇 년간 살게 한다면 매일 그를 때려가며 초나라 말을 가르쳐도 배우지 못할 것입니다. 송 왕은 설거주薛居州가 현인이라 곁에 두었습니다. 하지만 송 왕의 곁에 있는 사람이 모두 설거주 같지 않다면 설거주 한 명의 힘만으로 무슨 일을 할수 있겠습니까!"

대불승이 왕에게 그 말을 고했고 맹자가 이미 마음을 굳혔다는 것을 알아차린 송 왕도 더는 그를 붙잡지 않고 송나라를 떠나도록 놓아주었다.

─────── **지혜가 꼬리를 무는 역사 이야기** ───────

사마휼司馬遹은 진晉 무제 사마염司馬炎의 손자로 그가 다섯 살 때

6장. 나는 물고기도 좋고 곰 발바닥도 좋다

궁에 화재가 났다. 이에 사마염은 높은 곳을 찾아 올라가려 했으나 사마휼이 황급히 그의 옷을 잡아당기며 어두운 곳으로 끌고 갔다. "할아버지, 밤에 이런 사고가 났는데 밝은 곳에 서 계시면 사람들의 눈에 쉽게 띄어 안 돼요. 어두운 곳에 계셔야 돼요. 만약 어떤 사람이 반란을 일으키려고 마음먹고 있다면 바로 위험에 노출되는 거잖아요." 이 사고 이후로 사마염은 사마휼의 재능을 다시 보게 되었다. 그리고 대신들 앞에서 사마휼이 사마의司馬懿의 기풍을 이어받았다며 칭찬을 아끼지 않았다.

손자가 훌륭한 사람이 되기를 바란 사마염은 친히 현인을 뽑아 사마휼의 스승으로 삼았다. 하지만 어린 시절에 그토록 총명했던 사마휼은 크면서부터 노는 것만 좋아하는 사람으로 변했다. 대신 강통江統이 이를 보고 근심하여 사마휼에게 스승을 자주 찾아뵙고 선을 배우시라고 간언했다. 그리고 대신 두석杜錫도 자주 태자를 찾아가 충언을 했다.

하지만 사마휼의 주위에는 이런 충신들의 간언보다 방해 세력이 더 많았다. 간신배들에게 둘러싸인 사마휼은 노는 재미에 푹 빠졌고 성격은 날이 갈수록 오만해졌다. 심지어 매일 아침 아버님께 문안인사드리러 가는 것조차 소홀히 했다. 게다가 백정 출신인 어머니의 영향을 받아 사마휼은 고기 파는 장사에 흥미를 느꼈다. 그래서 궁 안에서 백정 흉내를 내며 직접 고기를 자르고 신하들에게 손님 역할을 하게 하는 놀이를 했다. 그리고 대신들의 충언은 한 귀로 흘려버리면서 오히려 그들을 미워했다.

하루는 두석의 잔소리가 듣기 싫어 그가 자주 앉는 자리에 미리 바늘을 놓아서 무심코 자리에 앉은 두석의 엉덩이에서 피가 나게 한 일도 있었다. 스스로 자신의 앞길을 망친 사마휼은 결국 태자의 자리에서 폐출당하고 말았다.

매우
인색하다

一毛不拔(일모불발)

맹자께서 말씀하시길 "양자楊子는 자기 자신을 중히 여겨 자기 털을 하나 뽑아 천하를 유익하게 한다고 할지라도 그렇게 하지 않는다. 묵자墨子는 겸애兼愛를 주장하며 머리부터 발끝까지 다친다고 할지라도 천하를 이롭게 할 수만 있다면 그렇게 할 것이다. 자막子莫은 중간 입장이다. 중간 입장이 정확하다. 하지만 중간만 견지하고 임기응변이 없으니 한쪽만 주장하는 것과 다를 것이 없다. 한쪽만 주장하는 것이 좋지 않음은 그것이 인의의 도를 상하게 하고 하나만 붙잡아서 다른 모든 것들을 버리기 때문이다."라고 했다.

전국시대에 두 사상가의 학설이 사람들에게 크게 추앙받았다. 한 명은 묵자학파의 창시자 묵적墨翟으로 그는 겸애를 주장하고 전쟁

을 반대했다. 또 다른 한 명은 묵자와 거의 같은 시기에 살았던 양주楊朱(양자를 가리킴)다. 그는 묵자의 겸애를 반대하며 생활을 소중히 여기고[貴生] 자기 자신을 소중히 여기자[重己]고 주장했다. 그는 개인의 생명을 중시했으며 사람들은 다른 이의 생활에 서로 침범할 수 없다고 말했다.

어느 날 양주가 맹손양孟孫陽에게 말했다. "옛 사람들은 자기의 털 하나로 세상을 이롭게 할 수 있을지라도 그렇게 하지 않았다. 반대로 천하를 희생해 자기 한 몸이 편해진다고 할지라도 원하지 않았다. 사람이 모두 자신의 몸에서 털 끝 하나라도 다치지 않는다면 천하는 평안할 것이다." 맹손양이 침묵하자 양주는 계속 말을 이어나갔다. "신체가 나의 전부는 아니지만 태어났으면 우리는 자신의 신체를 지켜야 한다. 만물은 나의 것이 아니지만 생겨났으면 그것이 다치지 않도록 해야 한다. 신체는 생명의 주체이고 만물은 생명을 기르는 기초이기 때문이다. 비록 생명을 보존하려 하나 신체는 언젠가는 쇠약해져 끝나기 마련이고 사물을 훼손하지 않으려 하나 영원할 수는 없다."

맹자는 묵적과 양주의 관점에 대해 이렇게 평가했다. "양주는 자신을 위했기에 털 하나로 세상을 이롭게 한다 할지라도 그렇게 하지 않았고 반면에 겸애를 주장한 묵적은 머리에서부터 발끝까지 다친다고 할지라도 세상을 이롭게만 할 수 있다면 그렇게 하려고 했다. 자막은 중도를 주장했다. 중도는 원래 옳은 선택이지만 중도만 주장하고 융통성이 없다면 하나만 고집하는 것과 같다. 왜 하나만 고집하면 안 되는가? 그것은 진정한 도를 깨트리고 하나만 고집해 나머지 다른 모든 것을 버리게 하기 때문이다."

지혜가 꼬리를 무는 역사 이야기

오대五代 시대, 후당後唐 황제 이존욱李存勖의 황후인 유옥랑劉玉娘은 원래 노래 부르던 기녀였다. 하지만 아름답고 잔꾀에 능해 진晉왕의 부인에서 점차 황후의 자리에까지 올라갔다.

당시 중원에는 몇 년 동안 심각한 가뭄이 들어 십 년간을 전쟁에 헌신한 군사들은 먹을 음식이 없었다. 그래서 온 가족이 밖으로 나가 풀을 뜯어먹으며 허기를 채웠고 종종 풀을 뜯어먹다가도 배고파 죽는 일이 발생했다. 하지만 이존욱과 황후는 이에 아랑곳하지 않은 채 평소와 다름없이 향락에만 빠져 지냈다. 마치 자신들이 그 자리에 앉아 있을 수 있는 것이 바로 장군과 병사들의 헌신과 노고 덕분이라는 사실을 전혀 모르는 듯 했다.

사태의 심각함을 깨달은 재상들이 입궐해 황제와 황후에게 건의했다. "폐하, 궁 안에 산더미처럼 쌓인 보물과 비단을 잠시 백성에게 빌려주어 그들의 생활고를 해결하고 형편이 좀 풀렸을 때 다시 반납해 국고를 채우게 하는 것이 어떻겠습니까?" 황후는 그 이야기를 듣고 불간이 화를 내디니 재상들에게 은 그릇 두 개와 세 왕자들을 보여주며 말했다. "궁 안에는 이것들밖에 없으니 나가서 팔아 쓰던지 하시오." 재상들은 황후가 이토록 인색할 줄은 전혀 예상치 못한 터라 한참을 멍하니 서 있었다. 하지만 어찌 되었든 간에 은 그릇 두 개와 왕자들을 팔 순 없었기에 그냥 돌아오고 말았다.

2년 후, 대장 이사원李嗣源이 업도鄴都에서 반란을 일으켰다. 이에 이존욱이 직접 군대를 이끌고 싸우러 나갔으나 이존욱의 장군과 병사들은 하나둘 이사원에게 투항하기 시작했다. 그래서 이존욱이 싸우러 가는 도중에도 수시로 말에서 내려 병사들을 격려하고 싸움에서 이기면 상을 내리겠다고 하는데 그의 군대는 이존욱에게 이렇게 말했다. "부모와 처자식이 이미 굶어 죽었는데 상이 무슨 소용입니까? 그것으로 나의 가족들을 다시 살릴 수도 없으니 저희는 이제 그런 것은 필요 없습니다."

결국 이존욱은 반란군에게 죽임을 당했다. 그 소식에 유옥랑은 자기 보물을 챙겨 호위병 칠백여 명을 데리고 태원太原으로 도망쳤으나 마침내는 새 황제 이사원에게 잡혀 스스로 목숨을 끊었다.

자신의 이익을 위해
어려움이나 화를 남에게 떠넘기다

以鄰爲壑(이린위학)

백규白圭가 말하기를 "나의 치수 방법은 우임금보다 낫습니다."라고 했다. 그러자 맹자가 말했다. "당신이 틀렸습니다. 우 임금의 치수는 물의 성질을 따랐습니다. 그래서 우 임금은 사방의 바다를 배수장으로 삼았지만 당신은 이웃 나라를 배수장으로 삼았습니다. 물이 거꾸로 흐르는 것을 강수라고 부르는데 강수란 곧 홍수이며 이는 인자한 사람이 가장 싫어하는 것입니다. 그러므로 당신의 말은 틀렸습니다."

———————

맹자와 같은 시대를 살았던 백규는 수리水利(물을 이용하는 일) 방면에서 이름을 날리던 사람이었다. 댐이 무너지거나 구멍이 나고 물이 새는 곳이 있으면 즉시 그가 달려가 보수했다. 훗날 그는 위魏 혜왕惠王에게 등용되어 상국의 자리에까지 오르며 신임을 얻었다.

그는 위나라에서 치수로 큰 성과를 거두긴 했지만 보수와 제방 보호에만 신경을 썼다. 그래서 흘러갈 곳이 없게 된 물이 결국 이웃 나라로 흘러들어가 많은 땅이 물에 잠기게 되었다.

춘추시대에는 제후국 간에 이런 행위를 하는 것을 엄격하게 금지하고 있었다. 기원전 651년 각 제후들이 규구葵丘에서 연맹 간 규정을 만들 때 포함했던 항목이 바로 '무곡방無曲防(자신의 이익만 생각해 다른 나라로 물이 흘러 들어가도록 댐 만드는 것을 금지하는 규정)'이었다.

하지만 모든 질서가 무너진 전국시대에 와서는 각 제후들이 저마다 다른 제도를 사용했고 그들을 제약할 어떠한 원칙도 남아 있지 않았다. 그래서 백규 역시 자국 이익만 생각한 댐을 만들고도 아무런 양심의 가책을 느끼지 못했다.

어느 날 맹자가 위나라에 왔다. 백규는 맹자를 보고 자신의 능력을 드러내고 싶어 우쭐대며 말했다. "저의 치수 능력이 우 임금보다 뛰어난 것 같습니다." 그러자 맹자는 백규의 말에 반박했다. "당신의 생각은 틀렸습니다. 우 임금은 치수를 할 때 물의 성질을 알아 바다의 사면을 배수장으로 삼았기에 물이 큰 바다로 흘러갔고 덕분에 나라에도 좋고 남에게 피해를 주지도 않았습니다. 하지만 당신은 치수를 할 때 댐을 수리하고 강을 막아 이웃 나라를 배수장으로 삼았기에 물이 이웃 나라로 흘러 들어가 나라에는 좋았지만 남에게는 피해를 주었습니다. 이러한 치수 방법을 어찌 우 임금과 비교할 수 있습니까?"

가정嘉靖 융경隆慶 연간(1522~1572), 형강荊江 유역에 홍수가 발생했다. 재상 장거정張居正은 화북湖北 강릉江陵 사람이었다. 그는 화북 안륙安陸에 있는 현릉顯陵과 자신의 고향을 보호하려 다른 사람에게 어려움을 떠넘기는 태도를 취했다. 형강 북쪽에 황단黃檀으로 높은 댐을 쌓은 것이다.

북쪽 댐은 높고 두꺼웠으나 남쪽 댐은 낮고 부실해 물은 자연히 남쪽으로 몰리게 되었다. 동시에 송자松滋·태평太平·우지藕池·조현調弦의 관문이 홍수로 열리는 바람에 호남湖南과 동정호洞庭湖가 물에 잠겨버렸다. 장강의 물은 대부분 형강에서 동정호로 흘러 들어간다. 그런데 물이 계속 들어오면서 점차 수역이 넓어져 서동정호와 남동정호가 형성되었다.

그러나 홍수의 피해에서 벗어날 수 있었던 북쪽 사람들도 안도와 즐거움이 오래가진 않았다. 형강의 북쪽을 댐으로 막은 뒤 몇 천 년의 역사를 자랑하는 운몽택雲夢澤(지금의 후난 둥팅후洞庭湖 일대)이 거의 사라지고 호수 대부분이 토지로 변했기 때문이다. 반면에 남쪽 지역은 홍수가 난 그해에 큰 피해를 보았지만 이후 땅이 비옥해져 다음 해에는 풍년이 들었다. 이렇게 댐을 막은 이후 이익이 전부 화남 지역으로만 돌아가사 화북 사람늘은 모두 장거정을 원망했다.

손바닥 뒤집는 것처럼
쉽다

易如反掌(이여반장)

공손추가 물었다. "관중管仲은 왕을 도와 패자覇者가 되게 했고 안자晏子는 왕을 도와 이름을 떨치게 했습니다. 그래도 관중과 안자는 본받을 사람이 되지 못합니까?" 이에 맹자는 대답했다. "제나라가 갖춘 조건으로 천하를 다스리는 것은 손바닥 뒤집듯 쉬운 일이다." 그러자 공손추는 "그렇다면 저는 더욱 이해가 가지 않습니다. 문왕은 덕을 지니고 백 년을 살았지만 인정이 천하에 퍼지지 못했고 오히려 무왕과 주공이 그 뒤를 잇고 나서야 인정이 천하에 두루 퍼졌습니다. 방금 스승님께서 천하를 다스리는 것이 쉽다고 하셨는데 그렇다면 문왕은 본받을 사람이 되지 못합니까?"라고 하였다.

어느 날 공손추가 맹자에게 물었다. "스승님께서 제나라 관직에

있으시다면 관중이나 안자의 업적을 다시 세울 수 있으십니까?" 맹자는 그 질문에 직접적으로 대답하지 않고 공손추에게 증서曾西의 이야기를 들려주었다.

어떤 사람이 증서에게 물었다. "당신과 자로子路 중에 누가 더 재능이 있습니까?" 그러자 증서는 펄쩍 뛰면서 말했다. "자로는 나의 부친도 존경하던 분인데 어찌 내가 그와 비교될 수 있겠습니까?" 그 사람이 다시 물었다. "그렇다면 당신과 관중 둘 중에 누가 더 재능이 있습니까?" 증서는 이번에는 불쾌한 듯 말했다. "당신은 어찌 관중과 나를 비교한단 말입니까? 관중은 제 환공의 신임을 받으며 그렇게 오랫동안이나 나라의 정치를 맡았음에도 업적이 적은데 어찌 감히 나와 비교한단 말입니까?"

맹자가 말하고자 하는 의미는 분명했다. 유가의 왕도 정치를 주장하는 사람으로서 패도霸道와 관계된 질문에는 대답하고 싶지도 않고 더욱이 자신을 관중이나 안자와 비교하고 싶지도 않았던 것이다. 맹자는 공손추에게 말했다. "자네는 참으로 제나라 사람이군. 관중과 안자밖에 모르니 말일세. 하지만 관중은 증서도 비교당하고 싶어 하지 않은 사람인데 어찌 나라고 관중과 나를 비교하고 싶겠는가?"

하지만 공손추는 여전히 맹자의 뜻을 이해하지 못하고 물었다. "관중은 환공을 보좌해 패자가 되게 했고 안자는 경공을 도와 이름을 떨치게 했는데 그럼에도 이들은 본받을 만한 사람들이 아닙니까?"

맹자는 토지, 인구로 보나 시기적으로 보나 지금이야말로 제나라가 왕도를 실천하면 매우 큰 성과를 거둘 수 있는 절호의 시기라고 보았다. 그래서 "제나라의 능력으로 왕도를 실천한다면 천하를 통일하는 것은 식은 죽 먹기다."라고 말한 것이다.

지혜가 꼬리를 무는 역사 이야기

백거이白居易는 당唐 대 유명한 시인으로 다섯 살 때부터 글을 배우고 시를 썼다. 그가 열여섯 살이 되던 해, 백거이는 서주徐州 관리로 임명된 부친 백이경百李庚을 따라 경성 장안으로 가서 더 넓은 세상을 배우게 되었다. 당시 장안에는 고황顧況이라는 유명한 문학가가 있었는데 재능은 뛰어났으나 교만했다.

백거이는 그의 명성을 듣고는 자신이 쓴 시를 들고 찾아가 가르침을 구했다. 고황은 귀찮기는 했지만 백거이가 관리의 아들이었기에 홀대할 수는 없었다. 백거이를 힐끔 쳐다보고 시에 쓰인 '거이居易(글자의 뜻은 '살기 쉽다'의 의미)'라는 그의 이름을 본 고황은 웃으며 말했다. "지금 장안의 쌀값이 치솟아 사는 것이 쉽지는 않을 것이오!"

비록 그가 백거이를 놀리려고 한 말이긴 하나 사실이었다. 주차朱泚가 반란을 일으킨 후 관중關中 일대의 생산력이 크게 떨어져 식량이 바닥났고 그 바람에 장안의 쌀값이 폭등해 백성들은 생활이 더욱 어려워졌던 것이다.

고황은 백거이에게 빈정거렸지만 백거이는 여전히 공손하게 그

6장. 나는 물고기도 좋고 곰 발바닥도 좋다

의 곁에 서서 이야기를 들었다. 고황은 백거이의 시를 아무렇게나 훑어보다가 갑자기 어느 대목에서 눈길을 멈추더니 뚫어져라 시를 읽었다. 그러다가 흥분한 표정을 지으며 백거이의 손을 잡았다. "이렇게 훌륭한 시를 쓰다니 장안에서 사는 것도 아무 문제없겠네. 방금은 그저 농담한 것이니 마음 쓰지 말아주시게."

그 후 고황은 사람들에게 백거이의 재능을 아낌없이 칭찬했고 백거이는 곧 장안에서 유명인사가 되었다. 당 현종도 백거이의 명성을 듣고 그를 한림학사翰林學士로 뽑았으며 훗날에는 그에게 좌습유左拾遺의 벼슬을 내렸다.

간절히
바라다

引領而望(인령이망)

오늘날 천하의 임금 가운데 사람 죽이는 것을 좋아하지 않는 자가 없습니다. 만약 사람 죽이는 것을 좋아하지 않는 사람이 있다면 백성들은 모두 목을 길게 빼고 그를 기다릴 것입니다. 진정 이와 같이 된다면 마치 물이 낮은 곳으로 콸콸 흐르는 것처럼 그를 따를 것입니다. 이를 어느 누가 막을 수 있겠습니까?

―――――――――

맹자는 양梁 양왕襄王을 뵙고 나온 후 다른 사람에게 말하기를 "멀리서 보았을 때도 왕의 모습 같지 않았는데 가까이서 봐도 존엄한 모습은 찾아볼 수 없었다."라고 했다. 그리고 두 사람이 나눈 대화를 들려주었다.

양 양왕이 갑자기 맹자에게 물었다. "어떻게 해야 천하가 안정

될 수 있소?" "천하가 통일되면 안정될 수 있습니다." "누가 천하를 통일할 수 있소?" "사람 죽이는 것을 좋아하지 않는 왕이 천하를 통일할 수 있습니다." "누가 사람 죽이는 것을 좋아하지 않는 왕을 따르려고 하겠소?"

그러자 맹자는 왕에게 말했다. "천하에 그런 왕을 따르지 않을 사람은 없습니다. 폐하께서는 곡식의 싹에 대해 아십니까? 칠팔 월에 가뭄이 들면 싹은 금방 말라버립니다. 그러나 이때 구름이 모여 한바탕 비가 내리고 나면 싹은 다시 튼튼하게 자라납니다. 누가 이 상황을 막을 수 있겠습니까? 오늘날 모든 왕이 사람 죽이는 것을 좋아합니다. 그러나 만약 사람 죽이는 것을 좋아하지 않는 왕이 있다면 천하의 백성들은 모두 목을 빼고 그 왕이 자신들을 구해주기만 기다릴 것입니다. 또 정말로 그렇게 할 수 있다면 백성은 모두 그 왕에게 돌아갈 것입니다. 이것은 마치 물이 낮은 곳으로 흐르는 것과 같은 이치이니 누가 이것을 막을 수 있겠습니까?"

―――――― **지혜가 꼬리를 무는 역사 이야기** ――――――

상商왕 무정武丁의 재상 부열傳說은 관직에 오르기 전, 부암傳巖(지금의 산시山西 루뚱陸東)에서 담이나 벽 쌓는 일을 하며 살았기에 성이 부 씨다.

우虞나라와 괵虢나라의 경계에 자리하고 있는 부암은 교통의 요충지였다. 그래서 산에서 흘러내려온 물로 도로가 막히면 노비들이 담을 쌓고 도로를 보수했다. 본래 노비 출신인 부열도 이런 일을 하며 생계를 이어나갔다. 무정은 왕위에 오른 후 삼 년 동안 직접 정치를 하지 않고 나라의 일을 다른 사람에게 맡겼다.

어느 날 무정이 대신들에게 말했다. "꿈속에서 하늘이 나에게 한 현자를 내려주었소. 노비의 옷을 입은 그 사람은 자신의 성은 부요, 이름은 열이라 하면서 현재 힘든 노동을 하고 있다고 말했소" 그러고는 "이 천하에 나와 부열이 바로 백성을 기쁘게 할 사람이오. 이것은 좋은 징조이니 나는 분명히 천하를 다스리는 데 도움을 줄 사람을 얻게 될 것이오."라고 말한 후 꿈에서 본 모습대로 그림을 그려 전국에 뿌리니 과연 부암에서 부열을 찾을 수 있었다.

그와 대화를 나누어본 무정은 부열이 정말 자신과 신하들이 애타게 기다려 온 인재라는 것을 느끼고 재상의 벼슬을 내렸다. 하지만 귀족 출신 대신들은 그 사실을 용납하지 못하고 노비 출신이 재상에 오른 것을 왕궁의 수치라고 여겼다. 하지만 시간이 지나면서 부열이 재능을 발휘해 나라를 다스릴 현명한 정책들을 내놓으니 대신들과 백성들은 진심으로 그를 따르게 되었다. 또한 이때가 바로 상商나라 후기에 가장 번성한 시기로 역사적으로 '무정중흥武丁中興'이라 불린다.

6장. 나는 물고기도 좋고 곰 발바닥도 좋다

나는 물고기도 좋고 곰 발바닥도 좋다

魚我所欲也 熊掌亦我所欲也(어아소욕야 웅장역아소욕야)

나는 물고기도 좋고 곰 발바닥도 좋다. 이 두 가지를 함께 얻을 수 없다면 나는 물고기를 포기하고 곰 발바닥을 선택할 것이다. 나는 생명도 좋고 의도 좋다. 만약 이 두 가지를 동시에 얻을 수 없다면 나는 생명을 버리고 의를 선택할 것이다.

어느 날 맹자는 생명과 의의 관계에 대해 말했다. 우선 예를 들어 설명했다. "나는 물고기도 좋고 곰 발바닥도 좋다. 만약 이 두 가지를 모두 먹을 수 없다면 나는 물고기를 포기하고 곰 발바닥을 먹을 것이다. 나는 생명도 가지고 싶고 정의도 가지고 싶다. 하지만 이 두 가지를 함께 기릴 수 없다면 나는 생명을 포기하고 정의를 선택할 것이다. 생명은 내가 가지고 싶어 하는 것이지만 생명보다 더 얻고 싶은 것

이 있기에 구차하게 살고 싶지 않은 것이다. 죽음은 내가 싫어하는 것이지만 죽음보다 더 싫은 것이 있기에 죽음을 피하지 않는 것이다."

그리고 더욱 쉽게 설명하기 위해 또 다른 예를 들었다.

"밥 한 그릇과 국 한 그릇이 있다. 이것을 먹으면 살고 먹지 않으면 굶어 죽는다. 하지만 그것을 주는 사람이 나에게 소리를 지르면서 준다면 배가 고파도 받지 않을 것이고 발로 밟은 뒤 먹으라고 준다면 거지라 할지라도 받지 않을 것이다. 그런데 지금은 녹봉 일만 종鍾(옛날 용량의 단위)을 내리면 예에 맞는지 아닌지를 따지지도 않고 덥석 받는다. 녹봉 일만 종이 나에게 무슨 이로움이 있으랴? 화려한 집을 사고 아내와 첩을 보살피고 궁핍한 사람을 돕기 위해서인가? 옛날 같으면 죽어도 받지 않았을 터인데 지금은 좋은 집을 위해 받고 아내와 첩을 먹여 살리려고 받는다. 또한 궁핍한 사람을 도우려고 받는다. 이것은 멈출 수 없는 것인가? 본성을 잃는다는 것은 바로 이를 두고 하는 말이다."

지혜가 꼬리를 무는 역사 이야기

동한시대의 대학자 곽태郭泰는 자는 임종林宗이고, 태원 개휴介休 사람이다. 그는 가난한 집에서 태어나 어릴 때 부친을 여의었고 홀어머니가 힘들게 그를 키웠다. 곽태가 성장하자 어머니는 어려운 생활에서 벗어나기 위해 아들에게 임시 관직을 얻어주었다. 하지만 곽태는 학문과 관직을 모두 얻고 싶었다. 심사숙고한 그는 어머니에게 말했다. "어머니, 저는 물고기도 먹고 싶고 곰 발바닥도 먹고 싶습니다. 대장부라면 반드시 선택할 일이 생길진대, 제가 어찌 평생을 이런 작은 일만 하면서 살 수 있겠습니까?"

그리하여 곽태는 하던 일을 그만두고 멀리 성고成皋까지 가서 당시 깊은 학식으로 이름을 떨치던 굴백언屈伯彦을 스승으로 모셨다. 곽태는 굴백언의 가르침 아래 부지런히 공부한 결과 삼 년이 지난 후에는 '삼분오전三墳五典'과 같은 고전도 섭렵했다. 그리고 그해 곽태는 낙양으로 가서 부융符融의 소개를 받고 하남윤河南尹(낙양 지방 장관) 이응李膺을 찾아갔다. 이응은 당시 덕망 높은 선비 가운데 으뜸이었던 사람으로 곽태를 만나본 후 그의 재능을 높이 평가하고 예로써 대접했다. 그리고 감탄하며 말했다. "내가 책 읽는 사람들을 많이 만나봤지만 곽태처럼 박식한 사람은 본 적이 없소이다."

당시 이응처럼 영향력이 크고 신분이 높은 사람이 이렇듯 곽태를 칭찬하니 자연스럽게 많은 사람이 곽태에게 관심을 보였다. 곽태는 순식간에 유명인사로 떠올랐다. 훗날 곽태가 낙양을 떠나 태원으로 돌아갈 때 그를 배웅하러 나온 사람들의 마차가 천 승을 넘었다고 한다.

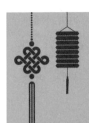

나무에 올라가 물고기를 찾는다

緣木求魚(연목구어)

맹자께서 말씀하시길 "그렇다면 폐하의 가장 큰 소망이 무엇인지 알겠습니다. 바로 영토를 넓히고 진秦나라와 초나라가 폐하를 찾아와 뵙고 중원에 군림하며 사방의 민족들을 어루만지는 것 아니옵니까? 하지만 폐하의 방법으로 소망을 이루려 하시는 것은 나무에 올라가 물고기를 찾는 것과 같습니다."라고 하였다.

─────────

제 선왕은 천하를 제패할 욕망이 있었지만 맹자는 그러한 생각을 버리라고 말했다. 맹자는 "폐하께서 천하의 군대를 동원해 위험을 무릅쓰고 다른 나라를 치는 목적은 무엇입니까?"라고 물었다. "나의 가장 큰 소망을 이루기 위해서요."

"그렇다면 폐하의 가장 큰 소망은 무엇입니까?" 선왕은 웃기만

6장. 나는 물고기도 좋고 곰 발바닥도 좋다

할 뿐 대답하지 않았다. 맹자가 물었다. "맛있는 음식을 먹기 위해서 입니까? 좋은 옷을 입기 위해서입니까? 아니면 뛰어난 예술품을 얻고 싶어서입니까? 아름다운 음악을 듣고 싶어서입니까? 폐하를 모실 신하가 부족해서입니까? 폐하께서는 이 모든 것을 가지고 있지 않으십니까?" 그러자 선왕이 말했다. "그런 걸 위해서가 아니오."

"그렇다면 이제 알겠습니다. 폐하께서 천하를 정복하려는 이유는 영토를 확장하고 진나라와 초나라 같은 대국들이 폐하를 찾아와 뵙고 사방의 민족이 폐하의 명령에 복종해 폐하께서 천하 유일의 패자가 되시려는 것입니다. 만약 폐하의 소망이 진정 그렇다면 지금의 방법은 마치 나무에 올라가 물고기를 잡는 격이므로 결코 목표를 이루지 못할 것입니다."

"상황이 그렇게 심각하오?" "그렇습니다. 어쩌면 더 심각할 수도 있습니다. 나무에서 물고기를 잡는 것이라면 물고기를 잡지 못하는 것으로 끝날 뿐 아무런 해를 입지 않습니다. 하지만 폐하의 방법으로 소망을 이루려 한다면 이루지 못할 뿐만 아니라 그로 말미암은 재앙이 엄청날 것입니다!"

────────────── **지혜가 꼬리를 무는 역사 이야기** ──────────────

왕망王莽 밀년, 녹림綠林군이 반란을 일으켰다. 그때 녹림군에 참여한 유현劉玄은 23년에 천자가 되었다. 그는 육수育水(지금의 난양南陽성

남쪽)에서 제단을 쌓고 황제가 되었으며 연호를 경시更始라 했다. 그리고 다음해에 장안으로 천도해서 장락궁長樂宮에서 살았다.

유현은 조맹趙萌의 딸을 아내로 삼고 나라의 대소사를 조맹에게 맡겼다. 그러자 조맹은 그 권력을 이용해 함부로 사람을 죽이거나 자신과 사이가 좋은 상인 또는 주방장들에게 마음대로 관직을 나누어주었다. 이윽고 조정에서 '조맹이 마음대로 관직을 나눠준다'는 말이 나오자 유현은 당장 그 말을 한 사람을 찾아내 단칼에 목을 베었다. 이 소식이 전해지자 당시 장안에는 이런 노래가 유행했다.

灶下養 中郞將 부엌에서 불을 피울 줄 알면 중랑장이 되고
爛羊胃 騎都尉 양의 위를 구우면 기도위가 되며
爛羊頭 關內侯 양 머리를 구우면 관내후가 된다네.

이에 장군 이섭李涉이 상소문을 올려 간언했다. '비록 폐하께서 하강병下江兵과 평림병平林兵의 힘을 입어 일을 이루셨지만 이는 임시적일 뿐 이미 안정된 시대에 그들을 쓸 수는 없습니다. 지금 관직을 주어서는 안 되는 소인들에게 관직을 주시는데, 이들이 전하를 도와 대업을 이룬다는 것은 나무에 올라가 물고기를 잡는 격이며 산에 올라가 진주를 캐는 것과 같습니다.'

유현은 이 상소를 보고 불같이 화를 내며 이섭을 옥에 가두었다. 그래서 그 후로는 감히 유현에게 조맹의 잘못을 고하는 사람이 없었

다. 하지만 내부적으로 갈등이 점점 심해져 일 년이 채 지나지도 않아 적미赤眉군이 기회를 잡고 장안을 공격해왔다. 그들은 유현의 천자 자리를 박탈한 뒤 훗날 교수형에 처했다.

한 달에
닭 한 마리를 훔치다

月攘一鷄(월양일계)

우선은 조금만 훔쳐서 한 달에 닭 한 마리만 훔치고 내년이 되면 고치
겠다.

맹자는 송나라 왕 언이 인정을 실천하길 원한다는 이야기를 듣
고 송나라로 찾아갔다. 맹자는 송나라 왕에게 선한 선비들을 가까이
하라고 건의했다. 그렇게 함으로써 '인'하지 않은 것을 고치라는 것이
었다.

하지만 송 왕과 대신들은 구체적인 부분을 실천하는 데서 성과
를 내지 못했다. 송의 대부 대영지戴盈之가 대표로 맹자에게 이를 해명
했다. "세금을 10분의 1로 줄이고 거리에 있는 세관을 없애고 시장에
서 거두는 세금을 없애는 등 인정의 방법으로 국책을 제정하는 것은

한 번에 하기가 어렵습니다. 일단은 세금을 조금만 거두면서 시간을 두고 차차 완전히 없애는 것이 어떻습니까?" 맹자는 그 말을 듣고 기지를 발휘해 대영지에게 이야기를 하나 들려주었다.

어떤 사람이 이웃집에서 매일 닭을 훔쳤다. 그러자 다른 사람이 "그것은 올바른 행동이 아니네!"라고 꾸짖었다. 그러자 도둑은 부끄러워하며 "알았네. 그것이 나쁘다는 것을 알았으니, 우선은 조금 줄여서 하루에 한 마리만 훔치고 나중에는 한 달에 한 마리만 훔치고 그러다 내년이 되면 완전히 손을 씻겠네." 라고 말했다.

이야기를 끝낸 맹자는 대영지에게 "만약 지금 하고 있는 행동이 도에 어긋난다는 것을 알았다면 즉시 멈춰야지 어찌하여 내년까지 미루려 하십니까?"라고 말했다. 맹자가 걱정스런 마음으로 이렇게 이야기했지만 송 왕은 결국 맹자의 건의를 받아들이지 않았다. 그리하여 맹자는 하는 수 없이 송나라를 떠났다.

─── 지혜가 꼬리를 무는 역사 이야기 ───

송나라의 문학가 소철蘇轍은 열아홉 살에 형 소식蘇軾과 함께 진사가 되었다. 신종神宗 때 왕안석王安石은 삼사조례사三司條例司를 설치하고 소철을 자신의 밑에서 일하게 했다. 또한 왕안석은 청묘법青苗法(농민에게 저금리로 자금을 빌려주고, 수확기에 곡물로 반환하도록 하는 정책)을 실시하려고 했다. 이를 위해 조례를 제정하는 과정에 소철과 여혜경呂惠

卿 사이에 의견 충돌이 생겨 이들은 왕안석에게 물었다. 왕안석은 소철의 의견에 동의하고 준비 작업을 더욱 완벽하게 하고자 당분간 청묘법을 실행하지 않기로 결정했다.

그 결정을 내린 지 얼마 되지 않았을 때 다른 신하가 현재 경동로京東路의 백성들이 하루빨리 청묘법이 시행되길 기다린다고 말했다. 그러자 왕안석은 하루 만에 태도를 바꿔 당장 청묘법을 실행하기로 결정했다. 결사반대를 외치던 소철은 결국 하남의 관리로 내려가게 되었다.

왕안석이 물러난 후 소철은 우사간右司諫·어사중승·상서우승尙書右丞·문하시랑門下侍郎의 자리에 올랐다.

1093년, 정권을 잡은 송 철종哲宗은 변법을 주장하는 신하들을 중용하고 보수파와 중도파 신하들을 억압했다. 그리고 면역법免役法·보갑법保甲法(농민을 직접 군사력으로 키우는 방책)·청묘법을 부활시켰다.

이에 소철은 송 철종에게 반대하며 말했다. "희정熙寧년에 청묘법과 면역이법免役二法을 실행해 이미 이십여 년이 흘렀고 엄격한 법을 실행했지만 도둑은 날이 갈수록 늘어가며 나라에서 거두어들이는 곡식은 점점 줄어들고 있습니다. 다시 말해 좋은 점보다 손해가 더 많습니다. 오늘날 면역법은 취소되었지만 청묘법은 계속 이어져 내려와 손해가 큰데 이런 사실을 아시면서도 시간을 끌다가 나중에야 취소하시겠습니까?"

하지만 송 철종은 소철의 반대가 귀에 들어오지도 않았다. 결국

6장. 나는 물고기도 좋고 곰 발바닥도 좋다

소철은 다시 영남嶺南으로 추방되었고 그 후 십 년간 온종일 아무 말도 하지 않고 앉아서 죽을 때까지 외부 사람들과 접촉하지 않았다.

예전에 했던 일을 다시 하다

再作馮婦(재작풍부)

진晉나라에 호랑이를 잘 잡는 풍부馮婦라는 사람이 있었는데 나중에 선비가 되었다. 어느 날 그가 들에 나갔는데 사람들이 호랑이를 쫓고 있었다. 하지만 호랑이가 이빨을 드러내며 산골짜기를 등지고 서 있어서 감히 가까이 다가가지도 못하고 있었다. 그러던 중에 풍부를 보고는 기뻐하며 그를 맞이했다. 그래서 풍부가 소매를 걷어붙이고 수레에서 내리자 사람들은 기뻐했으나 선비들은 그를 비웃었다.

춘추시대 진나라에 풍부라는 사람이 살았는데 호랑이를 잘 잡아 그를 모르는 사람이 없었다. 그러던 어느 날, 그는 갑자기 앞으론 살생하지 않고 호랑이도 잡지 않겠다고 말했다.

몇 년 후 산에 호랑이가 나타나 그곳을 지나는 사람들이 호랑이에게 물리는 일이 늘어났다. 그러자 몇몇 젊은 사냥꾼들이 모여서 호랑이를 쫓아 깊은 산 속으로 들어갔다. 호랑이는 산을 등지고 서서 사람들을 향해 날카로운 이빨을 드러냈다. 그러자 호랑이의 무시무시한 눈과 울음소리에 사람들은 감히 호랑이에게 다가가지도 못했다. 마침 그곳을 지나던 풍부가 시끄러운 소리를 듣고 고개를 들어보니 사람들이 막 호랑이를 쫓고 있었다. 사람들은 풍부를 보고는 달려와 환영하며 꼭 좀 호랑이를 잡아달라고 부탁했다. 이에 바로 마차에서 뛰어내린 풍부는 호랑이가 틈을 보일 때 덤벼들어 사람들과 함께 호랑이를 잡았다. 마침내 호랑이를 붙잡은 사람들은 기뻐하며 풍부에게 감사의 인사를 전했다. 하지만 이 소식이 알려지자 선비들은 앞으로 살생하지 않겠다던 풍부가 다시 예전 행동을 되풀이하는 것을 보고 모두 그를 비웃었다.

─────── 지혜가 꼬리를 무는 역사 이야기 ───────

유경정柳敬亭은 원래 성이 조曹이고, 이름은 봉춘逢春이다. 명明 신종神宗 만력萬曆 15년(1587년)에 태주泰州 조씨 가문에서 태어났다. 그는 열다섯 살이 되던 해 죄를 지어 벌을 피하려고 멀리 도망가게 되었다.

사람들에게 이야기해주는 것을 좋아하는 그는 이 능력을 이용해 생계를 꾸려나갔다. 열여덟 살이 되던 해 떠돌다가 강남에 다다른 그는 경정산을 이름으로 길가에 있던 버드나무柳樹를 자신의 성으로 바꾸고 사람들에게 이야기를 들려주고 창을 하며 생활했다.

좌량옥左良玉이 강남에 왔을 때 안휘安徽의 관리 두굉역杜宏域은 그에게 유경정을 소개해주었다. 좌량옥은 유경정을 너무 늦게 만났다고 아쉬워하며 그에게 군사적으로 중요한 업무를 맡겼다. 그리하여 군대 내부의 사람들은 감히 신분을 이유로 유경정을 무시할 수 없었다.

유경정이 명령을 받아 남경으로 내려갔을 때 좌량옥을 존경하던 그곳 신하들은 그가 보낸 사람이 내려온다는 소식을 듣고 모두 예를 갖춰 유경정을 대접했다. 재상 아래의 모든 관리가 그를 남쪽의 좋은 자리에 앉히고 유 장군이라 불렀다. 한편 유경정도 그들의 대접에 어쩔 줄 몰라 하는 것이 아니라 아주 태연했다. 옛날에 유경정이 사람들에게 이야기를 들려주면서 살 때 친했던 사람들은 유경정이 높은 신분으로 돌아온 것을 보고 "저 자는 우리에게 이야기를 들려주던 유경정이 아닌가! 출세했네그려!"라고 수군거렸다.

하지만 얼마 지나지 않아 남명 왕실이 무너지고 좌량옥은 세상을 떠났다. 그리고 유경정의 재산도 바닥을 드러내 예전처럼 다시 가난해졌다. 유경정은 다시 길거리로 나와 예전에 하던 일을 계속했다. 이후 강남 북쪽을 떠돌아다니며 사람들에게 이야기를 들려주었고 많은 문화계 인사와 교제했다. 그로 말미암아 민간에서는 그를 칭찬하는 글이 많이 쓰였고 공상임孔尚任 역시 그의 작품 『도화선桃花扇』에서 유경정을 언급했다.

장창과 같은 소인배는 가까이하지 말라

臧倉小人(장창소인)

노나라 평공平公이 말하기를, "맹자를 만나러 가야겠소."라고 했다. 그러자 장창臧倉이 말했다. "폐하께서는 어찌 자신의 신분을 낮춰가면서까지 평범한 사람을 만나러 가십니까? 그 사람이 현인이기 때문입니까? 예의는 현인에게서 나오는 것입니다. 하지만 맹자는 부친의 상보다 모친의 상을 더욱 잘 치렀습니다. 폐하께서는 그러한 자를 만나러 가시면 아니 되옵니다!" 장창의 말을 들은 평공이 말했다. "알겠소."

───────────

장창은 전국시대 노 평공의 심복으로 왕의 총애를 믿고 사람들 사이를 이간질하며 유언비어를 퍼뜨리는 등 온갖 못된 행동을 일삼는 전형적인 소인배였다. 당시 평공을 도와 국정을 처리한 악정자는 맹자의 제자였다. 맹자는 악정자를 만나러 고향인 추나라에서 노나라로 건너왔다. 이에 평공은 맹자에게 가르침을 구하고자 그를 찾아가려고 했다.

그때 장창이 왕에게 물었다. "평소에는 외출하실 때 관리에게 가시는 곳을 말씀하셨는데 오늘은 말과 수레가 준비되었는데도 아직 어디에 가시는지 말씀하시지 않으셨습니다. 그래서 감히 제가 묻사옵니다."

"맹자를 만나러 가는 길이오." "폐하께서는 어찌하여 스스로 신분을 낮추면서까지 그 자를 만나러 가십니까? 그가 현인이기 때문입니까? 그 자는 부친상보다 모친상을 더 성대하게 치렀습니다. 그런 자를 어찌 현인이라고 할 수 있겠습니까?"

장창의 말을 들은 평공은 일리가 있다고 생각되어 "알았소. 그러면 가지 않으리다."라고 대답했다.

악정자가 맹자를 만나 말했다. "제가 스승님께서 노나라에 오셨다고 전했더니 왕께서 친히 찾아뵈려 하셨습니다. 그런데 도중에 장창이라는 신하가 막는 바람에 오지 못하셨습니다."

맹자는 "도가 통한다면 어떠한 힘이 밀어주고 있기 때문이고 통하지 않는다면 어떤 힘이 막고 있기 때문이다. 그것은 사람의 힘으로 결정되는 것이 아니다. 내가 노나라 왕에게 신용을 얻지 못하는 것은 장씨라는 소인배 때문이 아니라 하늘의 뜻이니라."라고 하였다.

6장. 나는 물고기도 좋고 곰 발바닥도 좋다

805년, 당 헌종憲宗 이순李純은 대내외적인 어려움 속에서 황제의 자리에 올랐다. 당시 당나라의 번진藩鎭(절도사를 최고 권력자로 한 지방 지배 체제)은 중앙정부의 정치에까지 영향을 미쳤다. 이에 이순은 즉위 후 당나라의 중흥을 위해 다양한 방법을 강구했다.

원화元和 4년(809년), 하삭河朔 삼진三鎭의 하나인 성덕成德을 토벌했고 여기에서 비록 성공을 거두진 못했지만 삼진 중 위박魏博이 조정의 편으로 돌아왔다.

원화 9년(814년), 헌종은 다시 회서淮西 지역을 토벌했고 삼 년간 고된 전쟁을 치른 끝에 채주蔡州를 함락하고 회서 절도사 오원제吳元濟를 생포했다. 그리고 원화 14년(819년), 삼진의 성덕과 노룡盧龍도 압박을 이기지 못해 조정의 편으로 돌아왔고 헌종이 번진을 무너뜨리려 일으킨 전쟁은 큰 승리를 거두었다.

헌종은 비록 번진과의 싸움에서 환관宦官(내시)들을 감군監軍(군사의 순찰을 감독하는 임시 벼슬)으로 기용했으나 그들이 대신을 모함하는 것은 용납하지 않았다.

그는 "어찌 환관이 대신을 모함할 수 있단 말인가? 환관과 같은 소인배들의 말은 듣지 않을 것이다. 환관은 노예와 같은 존재들이다. 내가 편히기 위해 그들을 쓸 뿐 만약 환관들이 법을 어기고 질서를 어지럽힌다면 털 하나 뽑듯 없애버리면 그만이다."라고 말했다.

헌종은 많은 전쟁에서 승리를 거두었지만 날이 갈수록 힘이 약해졌다. 말년에는 장생불로하기 위해 약을 먹기 시작했고 그 후부터는 성격이 더욱 난폭해져 곁에 있는 환관들을 폭행하는 일이 잦았다. 원화 15년(820년) 정월, 헌종 이순은 결국 부당한 대우에 원한을 품은 환관 진지굉陳志宏의 손에 죽임을 당했다.

처음 시작하는 맹자

7

가까이 있는
사물이
학문 수양의
원천이 된다

오는 사람 막지 않고
가는 사람 잡지 않는다

來者不拒(내자불거)

그렇지는 않다. 선생은 규칙을 만들어 학생을 가르치지만 학생이 떠나면 붙잡지 않고 또 오는 학생을 거절하지도 않는다. 오로지 진실로 배우고자 하는 마음으로 오는 사람을 받아들이면 된다.

맹자는 제자를 받아들이는 데 개방적이어서 제자들이 오고 싶으면 오고 가고 싶으면 가도록 상관하지 않고 내버려두었다. 이를 통해 맹자가 모든 문제를 열린 시각으로 바라보고 자연스럽게 흘러가도록 했다는 것을 알 수 있다. 하지만 이런 방법은 가끔 문제에 부딪히기도 한다. 아래 이야기에서 살펴보자.

하루는 맹자가 등나라에 가서 상궁上宮에 있는 여관에서 제자들을 가르쳤다. 며칠 뒤 창가에 놔둔 만들다 만 짚신이 보이지 않았다. 여관 사람들이 다 나서서 짚신을 찾으려고 사방을 헤맸는데도 찾을 수가 없었다. 그때 한 사람이 맹자에게 말했다. "선생을 따라온 사람들이 어찌 다른 사람의 물건을 숨길 수 있소?" 그러자 맹자가 화가 나서 말했다. "당신은 내 제자들이 신을 훔치러 여기까지 온 줄 아시오?"

하지만 그 사람은 전혀 개의치 않다는 말투로 다시 말했다. "물론 그렇지는 않겠지요. 허나 선생께서는 오로지 공부할 뜻이 있는지만 보고 사람을 받아들이시고, 가는 사람 붙잡지 않고 오는 사람을 막지 않습니다. 그러니 별별 사람이 다 선생께 오는 것 아니겠습니까?"

──────── 지혜가 꼬리를 무는 역사 이야기 ────────

189년, 동탁董卓은 낙양에서 상국相國(중국 고대의 최고 관직)의 자리에 오른 후 인심을 얻기 위해 관리들에게 높은 관직과 녹을 주며 자기편으로 만들기 시작했다. 그는 먼저 황건적을 토벌하는 데 가장 큰 공을 세운 조조曹操라는 인물이 머리가 좋고 책략을 잘 세운다는 이야기를 듣고 조조를 효기교위驍騎校尉로 임명했다.

하지만 젊고 유능한 조조는 악행을 일삼고 인심에 어긋나게 행동하는 동탁이 곧 무너질 것이라 예감하고 그의 밑에서 벗어나야겠다고 생각했다. 그래서 그는 위험을 무릅쓰고 몰래 도망쳐 진류陳留(지금의 허난 진류현)에 있는 부친을 찾아갔다.

조조가 도망치자 동탁은 당장 사람을 풀어 그를 쫓았다. 결국 조조는 중모현中牟縣에서 동탁 군에 붙잡혔으나 다시 탈출해 드디어 진류에 도착했다. 조조는 당시 그 고을에서 부자였던 부친에게 동의를 얻어 동탁을 칠 병사와 말을 준비했다. 그 소식을 듣고 친척 조인曹仁·하후돈夏候惇·하후연夏候淵이 돕겠다고 조조를 찾아왔고 곧 또 다른 사촌 조홍曹洪도 일천 병사를 데리고 동참했다. 그리고 이전李典과 악진樂進 장군도 조조와 뜻을 같이 하겠다며 찾아왔다. 뿐만 아니라 진류의 지주 위자衛玆도 조조에게 돈과 식량을 제공했다. 조조는 자신을 찾아오는 사람들을 거절하지 않아 그의 군대는 순식간에 오천여 명으로 불어났다.

그는 진류에서 군대를 훈련하며 동탁의 동태를 살폈다. 얼마 후 많은 사람을 거느리게 된 조조는 각 제후들에게 글을 보내 설득하고 함께 동탁을 토벌했다.

가까이 있는 사물이
학문 수양의 원천이 된다

左右逢源(좌우봉원)

맹자께서 말씀하시길 "군자가 올바른 방법으로 도를 깊이 연구하는 것은
스스로 도를 얻고자 함이다. 스스로 얻은 도는 완전히 파악할 수 있고 완전
히 파악한 도는 점점 깊이가 쌓인다. 깊이 쌓이면 가까이에 있는 모든 사물
이 학습의 근원이 되므로 군자는 스스로 도를 얻으려고 하는 것이다."라고
하였다.

　맹자는 제자들에게 항상 순서에 따라 올바른 방법으로 학습해
야 하고 집중력과 인내도 필요하지만 이와 함께 적극적인 자세도 반
드시 갖추어야 한다고 강조했다. 그리고 독립적으로 사고하며 또한
진지하게 탐구하고 사고해야만 비로소 깊이를 얻을 수 있고 일이 순
조롭게 진행되며 주위의 모든 것이 학습의 원천이 된다고 말했다.

5대 10국 시기 풍도馮道의 자는 가도可道이고 하북 영주瀛洲 경성京城(지금의 허베이 징京현) 사람이다. 어릴 때부터 지극한 효심과 신중한 성격으로 유명했던 그는 벼슬에 오르기 전에 자신의 의지를 담은 시를 한 수 썼다.

莫爲危時便愴神　급한 때라 하여 당황하지 말라.

前程往往有期因　모든 일에는 기인하는 바가 있는 법이다.

須知海嶽歸明主　강산은 올바른 주인에게 돌아가기 마련이며

未必乾坤陷吉人　천하는 길한 자를 해하지 않느니.

道德幾時曾去世　세상에 도와 덕이 사라지지 않았고

舟車何處不通津　배와 수레가 모든 곳으로 통하니

但敎方寸無諸惡　헤쳐 나가는 방법이 틀리지 않았다면

狼虎叢中也立身　호랑이굴이라도 살아남을 수 있으리.

풍도는 언변이 뛰어나고 지혜로워 힘든 세상도 잘 견뎌내며 주변의 사물을 통해 가르침을 얻었다. 풍도는 후당 장종莊宗 시대부터 본격적으로 이름을 떨쳤다. 936년에 석경당石敬瑭이 후당을 무너뜨리고 후진을 세웠을 때 그는 사공司空의 자리에 올랐고 이어서 노나라의 국공國公으로 봉해졌다. 나중에 후진이 무너지고 거란契丹족 군대가 카이

펑開封으로 쳐들어오자 대신들 대부분은 스스로 목숨을 끊거나 도망쳤지만 풍도는 조금도 동요하지 않았다. 그 후 야율덕광耶律德光은 풍도를 태부太傅로 봉했다. 그리고 유지원劉知遠이 후한을 세웠을 때 풍도는 후한으로 가서 태사에 봉해졌다. 951년, 곽위郭威가 후한을 무너뜨리고 후조를 세웠을 때도 풍도는 태사 겸 중서령의 관직에 올랐다.

풍도는 이렇듯 항상 높은 지위에 있었지만 생활은 소박하고 검소했다. 그리고 자신의 권위를 이용해 다른 사람을 괴롭히지 않고 항상 근엄한 어른으로서 또 겸손한 군자로서의 모습을 잃지 않았다.

일의 이치를
충분히 추론하다

充類至盡(충류지진)

만약 성군이 나타난다면 자네는 그가 지금의 제후들을 모조리 죽일 것이라고 생각하는가? 아니면 가르쳐본 다음에 변화가 없으면 죽일 것이라 생각하는가? 자기 것이 아닌 것을 취하는 행동을 두고 강탈이라 생각하는 것은 '강탈'에 숨겨진 의미의 범위를 너무 확대한 것일세. 공자가 노나라에서 벼슬을 할 때 사냥한 것을 견줘보고 서로 뺏고 뺏기는 풍습이 있어 공자도 이에 참가했다. 이것이 옳다면 다른 사람에게서 선물을 받는 것쯤이야 어떤가?

———————

만장이 물었다. "어떤 이가 다른 사람의 물건을 강탈했다고 가정하고 여쭙겠습니다. 그가 떳떳하게 선물할 기회가 있어 예에 따라 다른 사람에게 그 빼앗은 물건을 선물한다면 상대방은 그것을 받아야 합니까?" 맹자가 대답했다. "받으면 안 되느니라.『강고康誥』에서는 사람을 죽이고 약탈을 일삼으며 난폭하고 죽음을 두려워하지 않는 사람들을 미워하지 않는 이가 없다고 했다. 그런 자들은 가르칠 필요도 없이 죽어 마땅하지. 이런 규정은 하夏나라 때부터 은般 그리고 주周 대까지 이어져 내려온 것이다. 지금이야말로 이 규정을 잘 계승해야 하는 시기일진데 어찌 강탈한 물건을 받을 수 있겠느냐?"

그러자 만장은 "지금 제후들은 백성에게서 물건을 약탈하고 있습니다. 저는 이것이 길을 막아서고 사람들의 물건을 빼앗는 것이나 다름없다고 생각합니다. 군자는 서로 예를 갖추어 왕래를 하고 또 그럴 때 상대방이 주는 선물을 받는다고 하는데 그렇다면 이것은 어찌 된 일입니까?"라고 물었다.

이에 맹자는 대답했다. "그러면 너는 이 시대에 성왕聖王이 나타난다면 그가 지금의 제후들을 모조리 죽일 것이라고 생각하느냐? 아니면 가르쳐본 다음에 변화가 없으면 죽일 것이라 생각하느냐? 자기 것이 아닌 것을 취하는 행동을 두고 강탈이라 생각하는 것은 '강탈'에 숨겨진 의미의 범위를 너무 확대한 것이다. 공자께서 노나라에서 벼슬을 할 때 사냥한 것을 견줘보고 서로 뺏고 뺏기는 풍습이 있어 자신도 직접 이에 참가하셨다. 이것이 옳다면 다른 사람이 주는 선물을 받는 것쯤이야 어떤가?"

만장은 물었다. "그렇다면 공자께서는 덕을 행하고자 관직에 오른 것이 아니었습니까?" 맹자가 대답했다. "덕을 행하려 하심이었다."

그러자 만장은 "덕을 행하려 한 것이라면 어찌 사냥한 것을 서로 빼앗는 일에 동참하셨는지요?"라고 물었다.

맹자가 대답했다. "공자께서는 오직 책에 규정된 제물만 제사상에 올리셨느니라. 그런데 사람들이 잡아온 사냥감은 차마 제사상에 올릴 수 없는 진귀한 짐승들이었지. 그래서 부족한 제물을 채우려고 그 자리에 참여한 것이야."

만장은 이번에는 "공자께서는 어찌하여 벼슬에서 물러나지 않았습니까?"라고 물었다. 맹자는 이렇게 대답했다. "공자께서는 시험 삼아 자신의 주장을 실행에 옮기시려 한 것이네. 시험해보니 그의 주장은 충분히 실행 가능한 것이었지. 그러나 왕은 그리하지 않았네. 그래서 만 삼 년을 채우지 못하고 벼슬에서 물러나신 것일세. 공자께서 벼슬길에 오르신 것은 자신의 주장이 통용될 것으로 생각했기 때문일 수도 있고 또는 왕이 예로써 대우했기 때문일 수도 있네. 아니면 왕에게서 현인賢人을 지원할 능력이나 인품을 발견해서였을 수도 있지. 공자께서는 계환자季桓子에게서 덕을 행할 수 있는 가능성을 보고 관리가 되었고 위衛 령공靈公이 예로써 자신을 대하는 것을 보았으며 위 효공孝公에게서 현인을 지원할 수 있는 능력을 발견했기에 관리가 되셨던 것이다."

5호 16국五胡十六國 시대에 후조後趙의 3대 왕 석호石虎가 가장 관심을 둔 일은 오로지 아름다운 여인을 자신의 곁에 모으는 것이었다. 그리하여 조정 대신들은 왕의 욕구를 채워주기 위해 연일 새로운 규정을 세우고 집집마다 돌아다니면서 도적질하다시피 젊고 아름다운 여인들을 궁으로 데려왔다. 만약 딸이나 부인을 내놓지 않으려는 사람이 있으면 그 자리에서 바로 목을 뺐다. 날마다 미인들이 업성鄴城에 모여들자 석호는 기뻐서 어쩔 줄을 몰라 했다. 미인을 많이 데리고 오는 사람에게는 더 높은 벼슬을 주기까지 했다.

석호는 자신의 여인들의 살 곳을 마련하기 위해 업성과 장안長安 그리고 낙양洛陽 세 곳에 호화로운 궁을 짓는 대대적인 공사를 벌였다. 그리고 이 공사에 사십만 명이 넘는 백성을 동원해 밤낮 없이 일을 시켰다. 얼마 지나지 않아 고된 노동 탓에 절반이 넘는 사람들이 줄줄이 죽어나갔다.

게다가 끝을 모르고 오르기만 하는 세금을 내느라 백성들은 자식을 팔기까지 했다. 더 이상 돈을 마련하기 위해 팔아넘길 자식도 없고 사람을 사들이는 사람도 없는 상황에 이르자 백성들은 왕에게 대항하는 행렬에 동참하거나 혹은 스스로 목숨을 끊었다.

길마다 즐비한 시체가 당시의 비참한 상황을 충분히 보여주었다. 하지만 폭정으로 많은 백성들이 나라를 떠나고 남은 백성들의 원망의 목소리가 온 하늘을 뒤덮는데도 석호는 높은 벼슬에 앉은 이들이 백성들을 돌보지 않는다며 그들에게 책임을 전가했다. 그러고는 그들을 희생양 삼아 참수형을 내렸다.

이 상황을 보고서 석후를 역사에 길이 남을 폭군이라 말하지 않을 사람이 어디 있을까? 석후는 그 당시 후당後唐 장종莊宗 이존욱李存勖이 스스로 왕이라 칭하고 나섰던 것과 비교도 할 수 없을 만큼 비난받아 마땅하다.

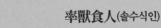

백성을
잔인하게 괴롭히다

率獸食人(솔수식인)

주방에는 살찐 고기가 있고 마구간에는 살찌고 튼튼한 말이 있으면서 백성들은 굶주린 얼굴을 하고 곳곳에 굶어죽은 사람 시체가 널려 있다면 이것은 짐승을 몰고 나와 사람을 잡아먹게 한 것과 같다.

맹자는 세상에서 가장 중요한 것이 바로 백성이라고 여겼다. 그래서 그는 백성의 보호를 받을 수 있다면 천자가 될 수 있지만 그렇지 않다면 천자의 신임을 얻는다 해도 제후밖에 되지 못하며 또 제후의 신임을 얻는다 해도 대부밖에 되지 못한다고 했다. 그래서 백성이 가장 중요하다는 것이다. 그러면서 백성의 신임을 얻으려면 백성의 생활에 관심을 기울이고 그들의 생활에 필요한 환경을 만들어주어야 한다고 말했다.

어느 날 맹자가 양 혜왕에게 말했다. "몽둥이로 사람을 죽이는 것과 칼로 사람을 죽이는 것이 다릅니까?" 양 혜왕이 대답했다. "별 차이가 없소." "그렇다면 칼로 사람을 죽이는 것과 정치를 통해 사람을 죽이는 것은 다릅니까?" "다를 것이 없소."

그러자 맹자는 양 혜왕에게 이렇게 말했다. "폐하의 주방에는 살찐 고기가 있고 마구간에는 튼튼하고 살찐 말이 있지만 백성들은 굶주린 얼굴을 하고 있고 곳곳에는 굶어죽은 사람 시체가 널려 있습니다. 이러한 것은 높은 사람들이 맹수를 끌고 나와 사람들을 잡아먹게 한 것과 다름없습니다. 백성은 평소 짐승끼리 서로 잡아먹는 것도 미워합니다. 하물며 백성의 부모라는 관리들이 정치를 하면서 '짐승들을 몰고 나와 사람들을 잡아먹게 하는 일'도 막지 못해서야 어찌 백성의 부모라 할 수 있겠습니까?"

--------- **지혜가 꼬리를 무는 역사 이야기** ---------

명나라 숭정崇禎 3년(1630년), 각 지역에서 민란이 일어났다. 그 가운데 사천의 모든 지역을 점령하고 성도成都에 자리 잡은 장헌충張獻忠은 진왕秦王으로 불렸다. 그 후 그는 대서국大西國을 건설하고 성도를 서경西京으로 개칭하여 수도로 삼았다.

장헌충은 사천에서 전례를 찾아볼 수 없는 살육을 저질렀다. 그는 과거 시험을 통해 관리를 뽑는다며 청양궁靑羊宮에 선비들을 불러

놓고는 모두 죽였고 중원中國에서는 내키는 대로 백성들을 죽였다. 또 자신의 병사 구십팔만 명을 죽이기도 했으며 군대를 사방으로 보내어 물건을 약탈했다. 숭정 17년(1644년), 장헌충은 건설된 지 삼 년밖에 안 된 대서국의 수도 서경에 그 유명한 '칠살비七殺碑'를 세웠다.

"하늘은 사람에게 만물을 주는데 사람은 하늘에게 주는 것이 하나도 없다. 죽여라, 죽여라, 죽여라……!"

장헌충은 그야말로 사천에 닥친 재앙 그 자체였다. 그가 자행한 학살로 장헌충 군이 성도를 떠나갈 때 그곳 백성은 사십만여 명밖에 남지 않았고 당대에 전국에서 다섯 번째로 번화하고 풍족했던 지역이 완전히 파괴되었다.

청淸 순치順治 3년(1646년) 10월 20일, 장헌충은 군대를 이끌고 서충현西充縣과 염정현鹽亭縣 사이에 있는 봉황산을 오르다가 화살에 맞아 숨졌다.

지위는 낮으나
말은 높다

位卑言高(위비언고)

맹자께서 말씀하시길 "벼슬은 가난을 면하려고 하는 것이 아니지만 때로는 가난에서 벗어나고자 벼슬을 하기도 한다. 아내를 맞이하는 것은 부모를 봉양케 하려는 목적이 아니지만 때로는 그러기 위해 아내를 맞이하기도 한다. 가난을 면하고자 벼슬하는 사람은 높은 자리가 아닌 낮은 자리에 있어야 하며 많은 봉급을 받아서도 안 된다. 그렇게 하려면 어떤 자리가 가장 적합할까? 문지기를 하거나 야간에 순찰 도는 것이면 될 것이다. 공자는 창고 관리를 하던 때 장부에 적힌 숫자만 맞으면 된다고 말했고, 목축을 관리할 때는 소와 양이 건강하게 자라기만 하면 된다고 했다. 낮은 자리에서 조정을 논하는 것은 죄이고 왕이 계신 조정에서 벼슬자리를 지내며 정의를 행하지 않는 것은 수치이다."라고 했다.

맹자가 말했다. "벼슬은 가난을 면하려고 하는 것이 아니지만 때로는 가난에서 벗어나고자 벼슬을 하기도 한다. 아내를 맞이하는 것은 부모를 봉양케 하려는 목적이 아니지만 때로는 그러기 위해 아내를 맞이하기도 한다. 가난을 면하고자 벼슬하는 사람은 높은 자리가 아닌 낮은 자리에 있어야 하며 많은 봉급을 받아서도 안 된다. 그렇게 하려면 어떤 자리가 가장 적합할까? 문지기를 하거나 야간에 순찰 도는 것이면 될 것이다. 공자는 창고 관리를 하던 때 장부에 적힌 숫자만 맞으면 된다고 말했고 목축을 관리할 때는 소와 양이 건강하게 자라기만 하면 된다고 했다. 낮은 자리에서 조정을 논하는 것은 죄이고 왕이 계신 조정에서 벼슬자리를 지내며 정의를 행하지 않는 것은 수치다."

그리고 맹자는 공자의 예를 들어 설명했다. 중손仲孫 대부는 공자에게 창고 관리 일을 맡겼다. 일을 시작한 공자는 장부의 숫자가 엉망인 것을 발견하고 자신이 배운 수학 지식으로 장부를 정리하고 공평하게 일을 처리했다. 반년이 채 못 되어 창고는 물건이 넘치고 장부는 깔끔하게 정리되었다.

그러나 공자는 그저 "장부가 깔끔해졌다."라고만 말했다. 이평자李平子는 공자의 충성심과 능력을 크게 인정하고 목축을 관리하는 자리에 그를 앉혔다. 한편 공자는 어릴 때 생계를 꾸려나가느라 부자들이 키우는 목축을 대신 돌본 적이 있어서 짐승들의 습성이나 기르는 방법 등을 잘 알고 있었다. 공자가 새로운 관리 방법을 만들고 실천한 지 일 년이 채 못 되어 소와 양의 수가 늘어났으며 모두 살찌고 건강했다.

하지만 공자는 이번에도 역시 그저 "소와 양이 건강하게 자랐구나."라는 말만 했다. 자신이 맡은 일에서 좋은 성과를 거두었지만 공자는 자신이 한 일의 범위를 벗어난 이야기는 일절 하지 않았다.

─────── 지혜가 꼬리를 무는 역사 이야기 ───────

삼국시대, 원소袁紹는 각 제후들과 힘을 합쳐 동탁을 없애려고 했다. 이에 동탁은 장군 화웅華雄에게 오 만 군사를 주어 전쟁에 응하게 했다. 밤새 말을 달려 사수관氾水關으로 달려간 화웅은 단번에 명장 포충鮑忠·조무祖茂·유섭兪涉·반봉潘鳳의 목을 베었다. 이 소식을 들은 원소는 놀라고 실망한 표정을 감출 수가 없었다.

이런 위급한 상황에 갑자기 어디선가 우렁찬 목소리가 들렸다. "제가 화웅의 머리를 베어 바치겠습니다!" 원소가 "저 자는 누구인가?"라고 묻자 공손찬公孫瓚이 "현덕玄德의 아우 관우關羽라고 합니다."라고 대답했다. 다시 원소가 물었다. "저 자의 직책은 무엇인가?" "관우는 현덕 밑에서 마궁수馬弓手 일을 하고 있습니다."

그 말을 들은 원소는 말직에 있는 자가 감히 큰일에 끼어든다고 생각해 큰 소리로 꾸짖었다. "네가 여기 계신 제후들과 장군들을 욕되게 하는구나. 마궁수밖에 안 되는 놈이 깊이 어디서 큰소리냐. 썩 물러가거라!"

그때 조조가 다급히 원소를 막으며 말했다. "비록 터무니없는 말 같긴 하지만 이 자를 보니 나름 용맹과 지략이 있는 듯합니다. 일단 내보내고 져서 돌아오면 그때 다시 문책해도 늦지 않습니다." 이때 관우가 말했다. "만약 제가 지면 머리를 베어도 좋습니다." 조조는 얼른 사람을 시켜 뜨거운 술을 가져오게 하고는 관우에게 따라 주었다. 하지만 관우는 그걸 바로 받아 마시지 않고 "다녀와서 마시겠습니다." 라고 말하고는 창을 들고 바람같이 적진을 향해 달려갔다.

밖에서 북치는 소리가 들리더니 곧 '와아!'하고 함성이 터져 나왔다. 마치 하늘과 땅이 쩌렁쩌렁 울릴 정도였다. 밖의 돌아가는 상황이 궁금해 막 물어보려고 나서는 찰나 관우가 들어와 바닥에 화웅의 머리를 내던졌다. 술잔의 술이 채 식기도 전이었다.

비록 지위가 낮은 사람이 큰일에 관여하는 것은 경거망동한 행동이지만 능력이 뛰어난 관우는 오히려 이 일을 계기로 사람들에게 인정받았다. 그리고 원소도 관우의 공을 크게 평가했다. 후대 사람들이 이를 시로 표현했다.

威鎭乾坤第一功 위진건곤제일공	천지를 뒤흔든 첫 번째 공
轅門畫鼓響冬冬 원문화고향동동	북소리 동동 울려 퍼지네.
雲長停盞施英勇 운장정잔시영용	술잔을 남겨두고 펼쳐 보인
	운장雲長(관우)의 영웅다운 용맹
酒尙溫時斬華雄 주상온시참화웅	술은 아직 따뜻한데 화웅의 목은 떨어졌네.

7장. 가까이 있는 사물이 학문 수양의 원천이 된다

앞으로 일어날 일들을
미리 알다

先知先覺(선지선각)

이윤이 말하기를 "내가 들판에서 숨어 살며 요, 순의 도를 즐거움으로 삼는 것이 어찌 지금의 임금을 요, 순 같은 임금으로 만들어주는 것보다 나을 수 있는가? 그리고 지금의 백성을 요, 순의 백성처럼 만드는 것보다 더 나을 수 있는가? 그리고 내 생전에 요, 순시대와 같이 발전하는 시대를 보는 것보다 나을 수 있는가? 하늘이 이 백성을 나게 하실 때는 먼저 아는 사람이 뒤에 아는 사람을 깨우치도록 하고, 먼저 깨달은 사람이 나중에 깨달은 사람을 깨우치도록 했다. 나는 이 땅에 태어난 백성 가운데 먼저 깨달은 사람이니 요, 순의 도로써 백성을 깨우쳐야 한다. 내가 그들을 깨우치지 않으면 그 누가 하겠는가?" 이윤은 이 세상에 있는 백성이 오직 남자 한 명 혹은 여자 한 명일지라도 그들이 요, 순의 은택을 입지 못하면 그것은 자신이 그들을 산골짜기로 밀어 넣는 것이나 마찬가지라고 생각했다.

현명하고 재능도 뛰어난 이윤은 유신有莘땅의 교외에 은거하며 농사를 짓고 살았다. 그는 똑똑하고 부지런하며 책략이 풍부한 사람으로 선각자라 불릴 만했다. 그는 비록 조상 때부터 비천한 노예 신분이었지만 대단한 의지와 사명감으로 삼황오제三皇五帝와 대우大禹(고대의 전설적 성왕 우임금을 높여 부른 것) 등 현군들의 정치적 도를 연구하고 당시 사회를 날카롭게 분석했다. 상나라의 탕왕이 이윤의 명성을 듣고 다섯 차례나 그를 초대했지만 유신의 왕이 이를 허락하지 않았다. 하지만 이윤은 이미 마음이 상나라에 가 있었다. 탕왕이 결국 자신의 아들을 유신의 공주와 혼인시키겠다고 약속하자 유신 왕은 그제야 기쁜 마음으로 자신의 딸을 이윤과 함께 상나라로 보냈다. 마침내 이윤은 탕왕과 함께 옛 왕들의 일들과 업적들에 대해 이야기를 나누었다.

당시 탕왕은 하나라의 걸왕이 자신의 나라를 멸망시킬 수도 있다는 생각에 불안함을 떨치지 못하고 있었다. 그래서 그는 걸왕에게 이윤을 추천하고 한편으로는 이윤에게 걸왕이 마음을 바꾸도록 설득해달라고 했다. 하지만 걸왕은 이윤의 간언을 듣지 않았다. 그리고 곧 하나라의 내부 사정을 속속 파악한 이윤은 하나라를 무너뜨릴 준비를 시작했다. 걸왕은 애초부터 이윤에게 관심을 두지 않았으니 어차피 중용이라는 것은 있을 수 없었다. 그러나 이윤은 그 덕분에 오히려 하나라에 머무는 동안 조정 내부의 상황을 자세히 파악하고 군대 상황에 주의를 기울였다. 그리고 상나라의 탕왕과 함께 걸왕을 공격할 준비를 했다.

탕왕은 걸왕이 이윤을 중용하지 않는 것을 보고 그를 다시 상나라의 수도인 박읍亳邑으로 불러 우상右相 벼슬을 주고 국정을 맡겼다. 이윤은 탕왕을 보좌하며 농업을 발전시키고 무기를 만들고 병사들을 훈련시키는 데 매진했고 상나라의 힘은 나날이 강해졌다. 이처럼 상나라가 점점 부강해지자 하나라의 걸왕은 어느덧 두려운 마음이 생겼다. 그는 간신 조량趙梁의 책략에 따라 나랏일을 상의할 것이 있다며 거짓으로 둘러대고 탕임금을 불러와 자신의 나라에 붙잡아두었다. 이 소식이 곧 상나라에 전해지자 온 나라 안이 떠들썩해졌고 대신들은 당황스러워 어쩔 줄 몰라 했다. 그런 가운데 걸왕이 주색에 빠져 현명한 신하들은 죽이고 간신배들하고만 어울린다는 걸 알고 있던 이윤은 침착하게 계략을 썼다. 이윤이 걸왕에게 진귀한 보물과 미인들을 바치고 심복 조량도 몰래 뇌물로 매수해 마침내 탕왕이 상나라로 무사히 돌아올 수 있었다.

지혜가 꼬리를 무는 역사 이야기

동한시대 건안建安 13년(208년) 조조는 팔십삼만 군대를 이끌고 적벽赤壁에 주둔했다. 유비劉備를 치고 동오를 무너뜨려 천하를 통일하려는 것이었다. 유비의 군사 제갈량은 동오로 가서 주유周瑜를 도우며 조조에 대항할 준비를 했다.

주유는 불로 공격하자고 주장했다. 그래야만 조조의 전함과 막

강한 군대를 무너뜨릴 수 있다는 것이었다. 제갈량도 주유의 주장에 동의했다. 주유는 곧 공격할 만한 무기들을 비밀리에 모으고 노장 황개黃蓋에게 거짓으로 조조 군에 투항하도록 해서 내통할 방법을 만들었다. 그렇게 해서 모든 것이 다 준비되었다. 그러나 당시는 서북풍만 불어 조조 군에 불로 공격할 수가 없었다.

주유는 마음이 급해져 병이 날 지경이었다. 제갈량이 문병을 오자 주유는 "사람에게는 복도 있고 화도 있는데 어찌 스스로 그것을 막을 수 있겠소?"라고 말했다. 선각자라 할 만했던 제갈량은 금세 주유의 마음을 알아차리고 웃으며 말했다. "하늘도 바람을 예측하지 못하는데 사람이 어찌 알 수 있겠습니까?" 제갈량의 말을 들은 주유는 마음속으로 깜짝 놀랐다. 제갈량은 다시 "저에게 좋은 방법이 있으니 장군께서는 마음을 놓으십시오."라고 말하며 무언가를 적어 주유에게 건네주었다. 주유가 읽어보니 이런 말이 적혀 있었다.

欲破曹公	조조를 공격하려니
宜用火攻	불로 공격함이 적당하다.
萬事俱備	모든 것이 준비되었으나
只欠東風	동풍이 부족하구나.

주유는 제갈량이 이미 자신의 마음을 읽었다는 것을 알고 이 상황에서 과연 어찌하면 좋을지 솔직하게 가르침을 구했다. 그러자 제

7장. 가까이 있는 사물이 학문 수양의 원천이 된다

갈량은 주유 앞에서 동풍을 불게 하는 방법을 내놓았다. 사실 그때는 이미 동지가 다 되어 양기가 움직이면서 자연적으로 동남풍이 불게 되어 있었다. 제갈량은 천문을 볼 줄 아는지라 그러한 사실을 이미 파악했지만 일부러 사람들에게 제단을 쌓게 하고 바람을 불게 해달라며 하늘에 빌었다. 그리고 얼마 후 과연 동남풍이 불기 시작했다. 주유는 그 기회를 놓치지 않고 화공을 시작해 조조의 군함을 전부 태워버렸다. 그래서 조조는 결국 허창許昌으로 간신히 도망쳐갔다.

자신의 잘못을 후회하고
허물을 고치다

自怨自艾(자원자애)

삼 년 후에 태갑太甲은 잘못을 뉘우치고 스스로 자기 자신을 원망하고 수양하여 동桐에서 의를 행했다. 그리고 다시 삼 년 후, 이윤의 교훈을 잘 따랐기에 다시 박亳으로 돌아와 왕이 되었다.

상의 탕왕이 상나라를 세운 후, 탕왕의 손자 태갑이 네 번째 왕위를 이었다. 왕위를 이은 태갑은 재상 이윤의 가르침을 따라 일하고 선왕 대부터 내려오는 규칙을 잘 지켰다. 하지만 삼 년이 지나자 태갑은 모든 것을 잊어버리고 오직 자신의 말이 전부라고 생각했다. 그는 이윤의 충고를 듣지 않고 선왕들이 만든 제도를 무시하고 무너뜨렸다. 그리고 폭군 걸왕을 본받기라도 하듯 백성들을 괴롭혀서 백성들의 원성이 점점 높아져만 갔다.

이윤은 태갑이 탕왕의 규율을 무너뜨리는 것을 보고 참지 못해 충고를 했다. 그러나 그가 전혀 뉘우치는 기색이 없자 결국은 태갑을 폐하고 탕 임금의 묘가 있는 동(지금의 허난성 강사_{僵師}현)으로 보냈다. 태갑이 왕위에서 쫓겨나 조정에 주인이 없어지자 이윤은 자신이 집정을 하고 나랏일을 돌보았다.

그리고 삼 년이 지나는 동안 이윤은 동에 있는 태갑의 행동을 유심히 살폈다. 마침내 태갑이 자신의 잘못을 뉘우치고 고치자 그는 뛸듯이 기뻐했다. 그러고는 대신들을 이끌고 태갑을 모셔와 왕의 자리에 앉히고 자신은 벼슬에서 물러나 고향으로 돌아갔다.

<hr>

지혜가 꼬리를 무는 역사 이야기

서한시대 촉나라의 부잣집 딸인 탁문군卓文君은 겨우 스무 살에 과부가 되어 친정집으로 돌아와 살았다. 어느 날 친구를 따라 탁문군의 부친을 찾아뵈러 온 사마상여司馬相如가 우연히 탁문군을 보고 반해 직접 연애시를 써서 읊으며 탁문군에게 자신의 사랑을 표현했다. 그 후 사마상여와 사랑에 빠진 탁문군은 부친의 반대를 무릅쓰고 밤을 틈타 몰래 사마상여와 도망을 갔다. 탁문군은 가난한 사마상여를 버리지 않고 귀한 신분임에도 술장사를 하며 생계를 꾸렸다. 사마상여는 그로부터 얼마 지나지 않아 관직을 얻겠다며 장안으로 떠났다. 그리고 오 년 뒤 중랑장中郞將이 된 그는 다른 부잣집 규수를 아내로 삼고 싶어 했다. 이 소식을 들은 탁문군은 남편이 자신과 정을 끊으려 한다는 것을 알고 시를 한 수 썼다.

일 별 지 후 이 지 상 사
一別之後 二地相思 　　　　이별 후 서로 그리워하네.

지 설 삼 사 월
只說三 四月 　　　　　　　서너 달이면 돌아오신다더니

수 지 오 육 년
誰知五 六年 　　　　　　　다섯 해, 여섯 해가 지나도

　　　　　　　　　　　　　돌아오지 않으실 줄 누가 알았을까.

칠 현 금 무 심 탄
七弦琴無心彈 　　　　　　칠현 악기로도 내 마음을 연주할 수 없고

팔 행 서 불 가 전
八行書不可傳 　　　　　　여덟 줄 편지지에도 마음을 전할 수 없네.

구 연 환 종 중 절 단
九連環從中折斷 　　　　　구련환은 중간에 끊기고

십 리 장 정 망 안 욕 천
十裏長亭望眼欲穿 　　　　십리 장정長亭에 올라 기다리니

백 사 상 천 계 념
百思想 千系念 　　　　　　백 번을 생각하고 천 번을 그리워하였더니

만 반 무 내 파 랑 원
萬般無奈把郞怨 　　　　　나도 모르게 낭군님을 원망하네.

만 어 천 언 설 불 완
萬語千言說不完 　　　　　수많은 말을 다 하지도 못하고

백 반 무 료
百般無聊 　　　　　　　　내 몸 하나 기댈 곳 없네.

십 의 란 중 구 등 고 간 고 안
十倚欄 重九登高看孤雁 　　구월 중양절 높은 곳에 올라

　　　　　　　　　　　　　외로운 기러기를 바라보고

팔 월 중 추 월 원 인 불 원
八月中秋月圓人不圓 　　　팔월 중추절 달은 찼거늘 사람은 오지 않네.

칠 월 반 분 향 병 촉 문 창 천
七月半焚香秉燭問蒼天 　　칠월 칠석 향 피우고 촛불 켜 세상에 묻고

유 월 복 천 인 인 요 선 아 심 한
六月伏天人人搖扇我心寒 　유월 복중 사람들 부채 부칠 때

　　　　　　　　　　　　　내 마음 서늘했네.

7장. 가까이 있는 사물이 학문 수양의 원천이 된다

오 월 류 화 홍 사 화
五月榴花紅似火

편 우 진 진 냉 우 요 화 단
偏遇陣陣冷雨澆花端

사 월 비 파 색 미 황
四月枇杷色未黃

아 욕 대 경 심 의 란
我欲對鏡心意亂

홀 총 총 삼 월 도 화 수 수 전
忽匆匆 三月桃花隨水水轉

표 령 령 이 월 풍 쟁 선 아 단
飄零零 二月風箏線兒斷

애 랑 하 랑
唉! 郎呀郎

파 부 득 하 일 세 니 위 녀 래 아 위 남
巴不得下一世你爲女來我爲男

오월 석류 붉게 익어갈 때

공교롭게도 비가 내려 꽃을 적시고

사월 비파열매

아직 노랗게 익지 않았을 때

거울을 보려 했으나

마음이 어지러웠네.

홀연 삼월이 와 복사꽃 떨어지고

연이어 이월엔 연실이 끊어졌네.

아! 낭군이여, 낭군이여!

다음 생엔 당신이 여인으로,

내가 남아로 태어났으면!

후에 탁문군의 글을 읽은 사마상여는 자신을 향한 탁문군의 사
랑에 깊이 감동해 다시는 아내를 새로 얻겠다는 이야기를 꺼내지 않
았다.

자신의 잘못을 후회하고 허물을 고치다

도가 지나친 일을
하지 않는다

不爲已甚(불위이심)

맹자께서 말씀하시기를 **"공자는 도가 지나친 일을 하지 않았다."**라고 하였다.

맹자는 공자의 인품을 높게 평가하며 "공자는 도가 지나친 일을 하지 않았다."라고 말했다. 그 의미는 공자는 한 번도 도가 지나치게 사람을 대하지 않았다는 것이다. 보통 사람을 책망하거나 벌을 줄 때 적당한 선에서 그칠 줄 알았던 공자의 모습을 뜻한다. 공자는 중용中庸의 도를 강조하며 어떤 일이든 지나치게 넘치거나 부족하면 안 된다고 했다. 예를 들어서 누군가를 칭찬하려고 할 때 억지로 과장할 필요도 없고 누군가를 꾸짖으려 할 때 일부러 그 죄를 부풀려서 이야기할 필요도 없다는 것이다. 이심已甚은 도가 지나치다는 뜻으로 도가 지나

친 것은 부족한 것과 같다. 이처럼 유가에서 말하는 중용의 도란 중심을 지켜 균형을 지키고 이성을 잃지 않는 특징을 띠며 사회를 안정시키고 갈등을 중재할 때 자주 적용된다. 맹자는 공자를 이어 중용의 도를 따랐고 모든 일은 공평하고 합리적이어야 한다고 여겼다.

지혜가 꼬리를 무는 역사 이야기

주나라 환왕桓王 희림姬林은 희설부姬泄父의 아들이자 주 평왕平王의 손자이다. 평왕이 죽자 태자 희설부가 정鄭나라에서 주나라 경성京城으로 돌아와 왕위를 이었으나, 그는 부친의 죽음에 대한 상처가 너무 커서 애통해하다 그만 세상을 떠나고 말았다. 대신들은 하는 수 없이 홀로 남은 아들 희림을 즉위시켰다. 그가 바로 주 환왕이다. 왕위에 오른 후 환왕은 정 장공莊公의 통제를 받는 것이 싫어 그를 내쫓았다. 그러자 자신의 나라로 돌아간 정 장공은 천자의 명을 받았다고 거짓말 하고서 송宋나라를 쳤다. 이를 괘씸하게 여긴 환왕은 그동안 주나라의 경사卿士를 겸했던 정 장공의 벼슬을 박탈했다. 그 이후, 정 장공은 오 년 동안 조현朝見(신하가 임금을 뵙는 일)을 중단함으로써 환왕을 무시하는 의중을 드러냈다.

기원전 707년, 환왕은 정 장공의 행태를 더는 참을 수 없어 직접 군대를 이끌고 그를 쳤다. 정 장공 역시 군대를 모아 전쟁에 응했고 환왕과 정 장공의 군사는 장갈長葛에서 대치했다. 환왕이 사람을 보내 전투를 시작하자고 했는데 어찌 된 일인지 정 장공의 군대는 오후가 다 되도록 움직일 생각을 하지 않았다. 슬슬 피로가 몰려와 환왕의 군대는 어느덧 긴장을 풀고 느슨해졌다. 바로 그때 갑작스럽게 정 장공의 군대가 깃발을 휘날리며 돌격해왔다. 환왕의 군대는 미처 방어할 틈도 없이 대 참패를 당하고 말았다. 환왕은 어쩔 수 없이 후퇴를 외쳤다. 정나라 장군 축담祝聃이 멀리서 이를 지켜보다가 화살을 당겼다.

그런데 어쩌다보니 그 화살이 환왕의 왼쪽 어깨에 꽂혔다. 다행히 환왕이 입은 갑옷이 두꺼워서 상처는 그리 크지 않았지만 자신이 쏜 화살이 환왕을 맞혔다는 것에 신이 난 축담이 환왕을 생포하려고 쫓아갔다. 그러나 정 장공은 거기에서 더 지나치면 안 되겠다고 생각하고 군대를 철수했다.

주나라와 정나라의 '장갈의 전쟁'은 이렇게 끝이 났다. 그 후 꾀가 많고 교활한 정 장공은 일부러 환왕에게 사람을 보내 자신은 그저 방어하려는 의도였지만 어쩌다보니 자신의 뜻과는 상관없이 규율을 위반하여 천자에게 죽을죄를 졌다며 사죄했다. 환왕은 비록 모욕을 당해 수치스럽고 부끄러웠지만 정 장공의 죄를 사해줄 수밖에 없었다.

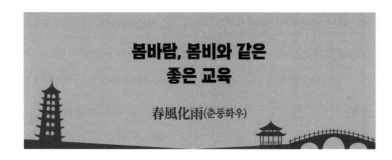

봄바람, 봄비와 같은 좋은 교육

春風化雨(춘풍화우)

맹자께서 말씀하시기를 "군자의 교육 방식은 다섯 가지가 있으니 제때 내리는 비가 땅을 촉촉하게 하듯 감화하는 방법, 덕을 기르도록 돕는 방법, 재능을 키우도록 돕는 방법, 질문에 대답해주는 방법, 스스로 덕을 배우도록 하는 방법이 바로 그것이다. 이 다섯 가지가 바로 군자의 교육 방식이다."라고 하였다.

———————

공자와 맹자가 태어난 곳은 지금의 단위로 계산해볼 때 서로 1킬로미터 정도밖에 떨어지지 않았다. 하지만 맹자가 이 세상에 태어난 때는 이미 공자가 세상을 떠난 지도 어언 백여 년 가까이 되었을 때였다. 그래서 맹자는 비록 공자의 좋은 가르침을 직접 배울 기회는 없었지만 스승에게 공자의 사상을 배워 공자를 이상적인 성인으로 여겼으며 스스로 자신을 공자의 사숙 제자私淑弟子(존경하는 사람에게 직접 가르침을 받을 수는 없으나 인격이나 학문을 본으로 삼고 배운 제자)라 생각했다.

맹자는 "군자가 가르치는 방식은 다섯 가지가 있으니 제때 내리는 비가 땅을 촉촉하게 하듯 감화하는 방법, 덕을 기르도록 돕는 방법, 재능을 키우도록 돕는 방법, 질문에 대답해주는 방법, 스스로 덕을 배우도록 하는 방법이 바로 그것이다. 이 다섯 가지는 바로 군자의 교육 방식이다."라고 했다.

후대 사람들은 공자가 만들고 맹자가 계승한 유가를 두고 '공자와 맹자의 도'라 일컫는다. 이렇게 두 사람은 이천 년이 넘는 역사의 흐름 속에 함께 호흡해왔다.

───────────── **지혜가 꼬리를 무는 역사 이야기** ─────────────

남북조南北朝시대 청하淸河 태수太守로 재임한 지 육 년째가 된 소경蘇瓊은 일을 공정하게 처리하고 자신의 뛰어난 지혜로써 마을 사람들을 깨우치는 데 능했다.

한번은 상서尚書(육부六部의 장관) 벼슬을 하다가 은퇴해 고향으로 내려온 조영趙穎이라는 사람이 자신이 직접 키운 것이라며 소경에게 수박을 보내왔다. 소경은 받을 수 없다고 몇 번이나 거절했지만 조영 역시 물러서지 않았다. 어쩔 수 없이 수박을 받아든 소경은 상서가 집으로 돌아가자 사람을 시켜 바구니에 수박을 담아 기둥에 매달아두게

7장. 가까이 있는 사물이 학문 수양의 원천이 된다

했다.

곧 마을에 태수가 조영이 보낸 수박을 받았다는 이야기가 돌자 사람들은 너도나도 과일을 들고 소경을 찾아왔다. 상황이 이렇게 되자 소경은 그들에게 기둥에 매달아둔 수박을 보여주었다. 조영에게 받은 수박은 전혀 손대지 않아 그새 몇 개는 썩기까지 했다. 선물을 주려고 왔던 사람들은 그 모습에 머쓱해하며 얼굴이 빨개진 채로 돌아갔다.

한편 그 지역에 살던 진명晉明이라는 사람이 아우와 재산을 둘러싸고 오랫동안 법정 다툼을 벌이고 있었다. 그는 자신에게 유리한 증언을 해줄 증인들을 모았다. 그들은 결국 소경 앞에까지 가게 되었고 소경은 두 형제를 불러놓고 타일렀다. "천하에서 가장 얻기 어려운 것이 형제이고 가장 쉬운 것이 땅과 같은 재물이오. 만약 재물을 얻고 형제를 잃는다면 당신들 마음은 어떻겠소?"

이 말을 하는 소경은 눈에 눈물이 가득했다. 그 자리에 있던 사람들도 소경의 말에 감동했고 심지어 어떤 사람들은 눈물을 흘리기도 했다. 진명과 아우 역시 깨우치고 서로 잘못을 인정하며 양보했고 그 후로 다시는 재산 문제로 소송을 걸지 않았다.

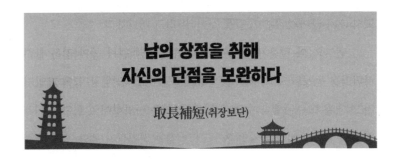

남의 장점을 취해
자신의 단점을 보완하다

取長補短(취장보단)

현재 등滕나라의 영토가 오십 리가량 되오니 장점을 가져다 단점을 잘
보완하면 충분히 좋은 나라로 만들 수 있습니다.

왕위에 오른 등나라 문공文公이 맹자를 불러 가르침을 구했다.
맹자가 등나라에 도착하자 문공은 맹자의 숙소를 궁 안에 마련해주고
귀빈으로 대접하며 상세하게 가르침을 구했다. 맹자 역시 최선을 다
해 왕에게 나라를 잘 다스릴 수 있는 좋은 방법을 가르쳤다. 맹자는 왕
에게 "현재 등나라의 영토가 오십 리가량 되오니 장점을 가져다 단점
을 잘 보완하면 충분히 좋은 나라로 만들 수 있습니다."라고 말했다.

문공은 맹자에게 나라를 다스리는 방법을 물었다. 이에 맹자는
왕에게 인자함과 정의를 강조하면서 인정을 베풀 것을 당부했다. 그

리고 인정을 베풀려면 현인을 등용해야 한다고 강조했다. 또한 현인을 등용할 때는 반드시 여러 면에서 그 사람을 자세하게 관찰해야 하며 가까운 주변 사람들의 말만 들어서도 안 되고 대부의 말만 들어서도 안 되며 반드시 백성의 의견을 함께 들어야 한다고 말했다. 그리고 동시에 실질적인 성과물로써 판단해야 한다고 했다. 뿐만 아니라 인정을 베풀 때는 반드시 백성의 힘든 점을 살피고 백성과 함께 고민하고 즐거워해야 한다고 강조했다.

───── 지혜가 꼬리를 무는 역사 이야기 ─────

청나라 서예가 전영錢泳은 그의 저서 『이원총화履園叢話』에서 재단사에 대한 이야기를 썼다.

당시 북경에 절강성浙江省 영파寧波 출신인 재단사가 있었다. 그는 솜씨가 아주 대단해서 관리나 부자들은 모두 그에게 옷을 맞췄다. 그 재단사는 옷감을 자르기 위해 치수를 잴 때 입는 사람의 신체 외에도 성별과 나이·외모상의 특징까지 고려했다. 뿐만 아니라 심지어 과거에 급제한 날짜까지도 세세하게 물었다.

이상하다고 생각된 사람들이 재단사에게 물어보았다. "그런 것을 물어보는 이유가 무엇인가? 옷 치수와 관계도 없는 것들인데?" "당연히 상관이 있지요. 젊어서 과거에 급제한 사람들은 거만해져서 길을 걸을 때 가슴을 내밀고 걷습니다. 그래서 몸에 맞게 만들려면 앞섶은 길게 하고 뒤는 짧게 해야 하지요. 반면에 늘그막에 과거에 급제한 사람들은 의기소침해져서 허리를 구부리고 다닙니다. 그래서 앞섶은 짧고 뒤는 길게 만들지요. 그리고 뚱뚱한 사람들의 옷을 만들 때는 허리 부분을 특별히 넓게 만들고 마른 사람들은 좁게 만듭니다. 또한 성격이 급한 사람들의 옷은 짧게 성격이 느린 사람들은 길게 만든답니다."

이 재단사가 유명해진 이유는 옷을 만들 때 단지 신체 치수만 고려해 만든 것이 아니라 입는 사람의 신분과 성격 같은 다양한 특징들에 주목해서 옷을 길게 할지 짧게 할지 결정했기 때문이다.

맹자께서 말씀하시길 "그만두어서는 안 되는 자가 그만두면 모든 사람이 그만둘 것이다. 후하게 대해야 할 사람이 박하게 대하면 모든 사람이 박하게 대할 것이다. 너무 성급하게 나가는 사람은 물러서는 것 또한 빠르다." 라고 하였다.

등나라 왕의 동생 등경騰更이 한동안 맹자의 문하에서 공부를 했다. 공도자는 "등경이라는 자는 등나라 왕의 동생인데다 이렇게 멀리까지 가르침을 구하러 왔고 또한 예를 지키는 사람인 듯한데 스승님은 어찌하여 그를 신경 쓰지 않으셨습니까?"라고 물었다. 맹자는 "자신의 시위를 의식하고 질문하거나 자신의 능력을 의식하고 질문하거나 나이를 의식하고 질문하거나 자신의 공로를 의식하고 질문하거나

예부터 잘 아는 사이라는 것을 의식하고 질문하는 자에게는 대답하고 싶지 않다. 등경은 그중에 두 가지에 해당하는 사람이었다."라고 대답했다.

이 말에서 맹자의 교육관이 매우 엄격했다는 것을 알 수 있다. 어떤 신분, 어떤 환경에 처한 사람이든 일단 가르침을 구하러 왔으면 그 사람은 학생이다. 학생은 진심으로, 성의로써 가르침을 구해야 하고 스승에게 예를 갖춰야 한다. 설령 돈과 명예가 있는 사람일지라도 가르침을 구할 때는 다른 사람보다 더 나은 대접을 받지 않는다는 것이다.

조금 후 맹자는 다시 입을 열었다. "그만두어서는 안 되는 자가 그만두면 모든 사람이 그만둘 것이다. 후하게 대해야 할 사람이 박하게 대하면 모든 사람이 박하게 대할 것이다. 너무 성급하게 나가는 사람은 물러서는 것 또한 빠르다."

―――――――――――― 지혜가 꼬리를 무는 역사 이야기 ――――――――――――

춘추시대, 조趙 양자襄子는 대장 신치목자新稚穆子를 보내 적翟나라를 치라고 명령했다. 신치목자는 하루 만에 노인老人과 중인中人 두 지역을 점령하고 이 소식을 왕에게 전했다. 때마침 밥을 먹던 조 양자는 그 소식을 듣고 오히려 근심스런 표정을 지었다.

그러자 주위에 있던 사람들이 영문을 모르겠다는 표정으로 물

 7장. 가까이 있는 사물이 학문 수양의 원천이 된다

었다. "폐하, 하루 만에 두 지역을 점령했다는 소식은 모든 사람이 기뻐할 만한 소식이옵니다. 어찌 근심스러운 표정을 지으십니까?"

그러자 조 양자는 "옛말에 '성급하게 나가는 사람은 물러서는 것 또한 빠르다'고 했소. 천둥과 폭우는 잠시만 기다리면 그치고 대낮에 내리쬐는 태양도 금방 서쪽으로 기울어지오. 우리가 아직 적나라 백성에게 좋은 일도 하지 못했는데 단 하루 만에 그들 나라의 두 지역을 점령했으니 곧 일이 어그러질 징조가 아니겠소?"라고 말했다.

이 이야기를 들은 공자는 감탄하며 말했다. "조나라는 분명 더욱 크게 될 것이다. 국가의 일을 생각할 때 나쁜 상황부터 생각하는 것은 나라가 크게 되는 시작이고 하루하루 태평하게 보내며 모든 일이 잘될 것이라고만 생각하는 것은 바로 나라가 망할 징조다.

이렇듯 순간의 승리는 쉽지만 영원히 지지 않는 것은 어려운 일이다. 현명한 지도자는 항상 일을 생각할 때 어떤 나쁜 일이 생기지 않을까 고민하므로 그들이 거둔 승리와 성과가 후세까지 이어질 수 있는 것이다. 제나라·형荊(초나라의 별칭)나라·오나라·월越(주周 말엽의 나라 이름)나라 또한 과거 전쟁에서 승리했지만 곧 멸망하고 말았다. 이야말로 '성급하게 나간 사람이 빨리 물러선다'는 이치를 몰랐기 때문이 아니겠느냐?"

초판 인쇄 2022년 5월 25일
초판 발행 2022년 5월 30일

편저자   김세중
펴낸이   김상철
발행처   스타북스
등록번호 제300-2006-00104호
주소   서울시 종로구 종로 19 르메이에르종로타운 B동 920호
전화   02) 735-1312
팩스   02) 735-5501
이메일   starbooks22@naver.com
ISBN   979 11 5795 647 0 03150